Sona Movsesian

世界最上懶的助理

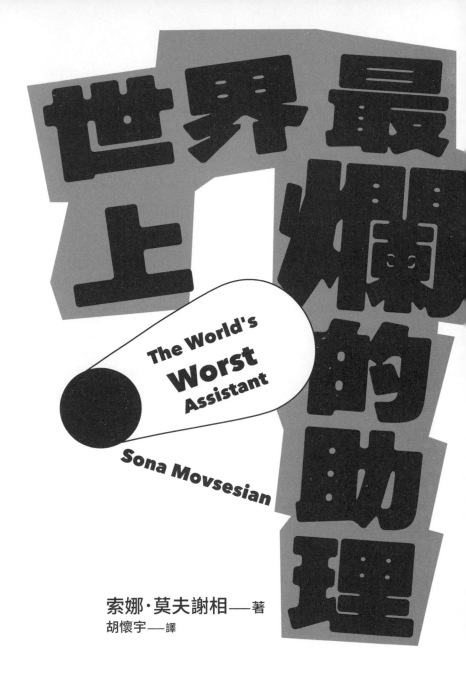

The World's
Worst
Assistant

Sona Movsesian

索娜·莫夫謝相——著

胡懷宇——譯

這本書獻給我的小小紳士，查理和麥奇
希望你們不會遺傳到我的工作態度
還要獻給塔克，沒有你就不會有這本書
我愛你們

Contents

推薦序
生逢其時的助理
吳億盼（讀書E誌版主）

　　從二十一世紀初的網路泡沫化，到2008年左右的金融危機，世界經過種種劇烈的改變，過去三年的新冠肺炎更是顛覆世界，上班族與職場老闆的關係也開始有新的變化。在知識經濟時代，領導者不能再只靠權威服人；如何贏得信任，創造組織的歸屬感，比當一個「什麼都懂」的領袖更加重要。再加上疫情所造就的遠距或線上工作模式，若不希望讓人疲憊到躺平，就需要重新想像老闆與員工的相處方式。

　　《世界上最爛的助理》描述的就是《穿著Prada的惡魔》180度相反版本的故事。在極度競爭的美國電視演藝圈中，竟然能看見這樣有人性的辦公室文化，本書作者甚至還自己開了帶狀節目，真是非常有趣。雖然不是每個職場都適合這樣的文化和相處方式，但光是能夠讓人看見一種新的可能性，或許就是很好的開始。

　　書中的開頭以電影《穿著Prada的惡魔》中非常著名的一

段作為對比。電影中米蘭達要求助理取得還未出版的《哈利波特》新書，要送給喜愛《哈利波特》的雙胞胎女兒閱讀。看過電影的人應該都很有印象，小助理明明知道老闆在整她，卻使盡各種手段也要拿到這本還未出版的書籍，並且在得手之後驕傲地拿到老闆面前。同樣的事情也發生在作者身上，作者的老闆想要一本還沒出版的歷史學家新書，便問身為助理的作者是否能夠拿到。作者說，老闆才剛講完，她一回頭竟然就忘記老闆要的是什麼！

康納・歐布萊恩（Conan O'Brien）是美國知名的脫口秀主持人。他犀利搞笑卻富有人文底蘊的風格，一直很受歡迎。作者索娜・莫夫謝相（Sona Movsesian）是他的貼身助理。在本書一開始索娜就說，自己如何用最少的力氣只做到「剛剛好」：她常常在上班時間看電視、和自己的老闆拌嘴、對工作完全沒有更上一層樓的企圖心，並且在步調快速的電視圈中感到毫無壓力——這是她引以為傲的一件事。她說自己剛從學校畢業進入電視圈時，誤打誤撞成為這位有名主持人的貼身助理。當時的她自然是戰戰兢兢，並且摩拳擦掌地要在這一行展開自己的一番事業。但有一次她和第一代移民的家人講電話時剛好被老闆聽到，身為搞笑主持人的老闆立刻虧她，她震驚了一下（畢竟是老闆啊），就直覺地虧回去。從那一刻開始，他們都發現彼此相處的方式不但愈來愈像朋友，甚至更像是一起打鬧長大的兄妹。

聽著她描述幾年來在康納底下工作的經歷，會發現她真的非常專業而且相當不容易。這位知名的主持人常要訪問一些名人，而「墨非定律」總是選擇在這些關鍵的時候出現意

外的插曲。另一方面也因為老闆的名聲，索娜常常可以到一些自己作夢也沒想過的國家或很酷的場合。每一次的經驗不但強化她和康納之間互相信任的基礎，同時也讓她有機會為康納的家人解決問題，建立更深的革命情感。其中她也碰過電視圈常見的性騷擾事件，她自己很不舒服，但沒有及時表達不滿，老闆卻直接挺身而出，用自己的權力為她發聲。甚至她還會和老闆像姊妹淘一樣討論歷任約會的對象，事後也證明索娜最後結婚的對象，就是老闆當時最看好的那一位。身為亞美尼亞第二代移民的索娜，也在她隨著節目到世界各國時，跟著老闆來到她父母的故鄉。雖然她說自己母語程度很低，也胡亂地幫同行的美國人翻譯，但當她看到老闆及整個劇組有多用心設計橋段並尊重她父母的文化，她感到無比溫暖。

　　以「世界上最爛的助理」為書名，還邀請到身為名人的老闆為她寫序，其實這很高竿地體現出這家公司的企業文化，是真正像一家人，而且骨子裡就有強烈的幽默感和絕佳的默契。（因為他們辦公室同事之間的互動太好笑，還開了專屬的YouTube頻道Team Coco而大受歡迎。）索娜在書中開玩笑說老闆絕對不敢炒她魷魚，因為他所有的帳號密碼和重要資訊都在她的手中，但其實可以看出來，她是以照顧自己家人的心態在協助老闆的。他們之間拌嘴的默契實在太好笑，兩人還合開一個Podcast帶狀節目，索性把他們特殊的互動方式變成娛樂內容。

　　結果那本康納一開始要求拿到卻還沒出版的書，最後竟然提早出現在康納的辦公桌上！索娜明明一直想不起來到底

他要什麼書，這個過程到底是怎麼發生的？這裡就不爆雷，
有興趣可以直接看書，很適合想要找本有趣的書來讀的人！

推薦序

康納・歐布萊恩

　　長久以來我們相信，智人和地球上各物種的區別是我們對完美無止境的追求。我們對超越現況有著亙古不變的需求，從洞穴、茅草屋、金字塔、城堡、莊園別墅進步到摩天大樓，逐漸將人類拖出無知的泥沼，自然而然促使我們稱霸世界。古希臘的思維以「德性」（Arete）定義「卓越」（excellence），意即用盡個人在世界上的能力、膽識和智慧而臻於至善之狀態。希臘神話中的阿瑞堤（Arete）是崇高的女神，一身潔白帶領我們辛勤耕耘，向上躍進再躍進，以追求完美之境。

　　向您介紹索娜・莫夫謝相（Sona Movsesian）。索娜是我13年來的助理，她認為古希臘人追求神聖的德性之境「很廢」，還有那些人應該「去吃大便」。其實我會知道「德性之境」，是因為我要索娜幫我做這份推薦序的功課時，她叫我：「少在那邊靠夭，自己去維基幹東西來寫。」我如她所願，於是現在我們都認識這位阿瑞堤小姐了。原本我想以大

量工作倫理和工業革命歷史的研究來為這本書開場，但只要我和索娜聯手，結局通常就是我獨自瀏覽維基百科，然後她去刷我的信用卡買一整大袋的瘋狂多力多滋頂級塔可餅（Doritos Locos Tacos Supreme）[1]。正如頗多年輕人向你說的，這純粹就是「他們的作風」。

這本書名為《世界上最爛的助理》，在許多人看來或許過度浮誇，儼然是機場自助報到機為了吸引注意而套用的低等行銷術。但我像您保證，這個書名切實的程度高得嚇人。從多方面來看，索娜是不折不扣的廢物私人助理。這麼說不單純是指她的資質愚鈍或生性懶惰，錯，這兩個詞實在太不精確了。其實索娜十分聰明而且創意無窮，不過她唯獨在追求個人安逸時才會好好展現。我一直對電影《四海好傢伙》（Goodfellas）中黑幫的兢兢業業感到嘖嘖稱奇，他們整個星期沒闔眼，只為盡快把廉價的香菸從紐約拉瓜迪亞機場（LaGuardia）的卡車卸下來。後來我才理解，這些罪犯比大多數企業執行長都要認真工作好幾倍，原因是過度工作可以昭告他們對規範以及社會枷鎖的深惡痛絕。索娜如同所有犯罪盟主，懂得照著遊戲規則走來獲勝，但她卻和惡魔交易，終生充斥令人毛骨悚然的詭計、精巧卻浪費時間的玩物，以及對反抗權威永無止境的渴望。我發誓，反抗權威為我所好，只是很不幸地，這個故事的權威就是我本人。

接下來，你讀到的內容完全是真實、真切的。你時不時會大吼：「康納，開除她就對了！她把你當傻子啊！」不過，其實索娜是在2009年和我相遇後，才挖掘出自己成為「世界上最爛的助理」的超能力。犯罪學家認為，頗多奪命雙人組

的成員隻身一人時，連隻蒼蠅都不會打。但李奧波德與勒伯（Leopold and Loeb）[2]、邦妮和與克萊德（Bonnie and Clyde）[3]、卡波提（Capote）所著的《冷血》（*In Cold Blood*）[4]中的謀殺組合，這些例子都顯示兩個了無生機的分子一結合，便成了致命的有機體。沒錯，索娜不乏「做得爛」的能力，可是她得找到奪命的夥伴，也就是怪異、幼稚、愚蠢的老闆，雙方才可產生令人難以置信的瘋狂火花。當代職場特別強調專業倫理，我和索娜卻堅定不移，從未停下耍蠢的腳步。我提供索娜做自己的空間（詳見本書），她則給我機會，在她正要咬下好吃的杯子蛋糕時，任由我打掉她手中美味的蛋糕。（別誤會，我會謹慎地只瞄準蛋糕，不偏不倚正中紅心。而且假如你有看到索娜在那份美味無比的巧克力饗宴上，擠了多少香草糖霜，就會理解我的用心良苦了。）是的，我和索娜狼狽為奸在現代職場鬧事，這個罪刑我們兩人都有份，而且若我開除她，她也會毫不眨眼、義正詞嚴地要我滾蛋。

我敢保證此時此刻的索娜早就沒在看前言，跑去翻沙發墊，尋找昨晚追《慾罷不能》（*Too Hot to Handle*）時落下的軟糖了。換言之，現在我可以在索娜茫然未知的狀況下提出最後一點，而這點就是：我毫無防備地信任著索娜。她願意為我和我的家人做任何事，而她也是我認識的人中，數一數二誠實和體貼的。在我人生中一些痛苦難耐的時刻，她是超乎想像的忠心好友，擁有她的陪伴是我的福氣。我甚至可以想像，我躺在病榻要告別人世的那一天，床邊坐的便是索娜。我上氣不接下氣，勉強說出：「索娜……是時候……叫我老婆來了……」她會滿懷關愛與憐惜地答道：「好，康

納。」然後輕拍我的手，默默在心中禱告，接著說：「放心，老老闆，我現在就去叫麗莎（Liza）。」

於是索娜靜靜走出我臨終的房間，無聲無息地關上門。而下一刻，她就將我交代的事忘得一乾二淨，和我在走廊哭泣的太太擦身而過，往街上的Forever 21直直走去。她會在那兒順手扒走三組大腸髮圈。不是嘛，反正總會有人發現我掛了，然後告訴麗莎我的死訊，所以這他媽的有什麼大不了？而且Forever 21真的會在意少了三組大腸髮圈嗎？你老兄不要再靠北了！

親愛的讀者，這些就是索娜每日帶我領會的深奧道理。

於英國牛津
（不是真的在那兒，只是聽起來很酷）

前言

　　要先努力，才能當上「世界上最爛的助理」。

　　同樣地，要先鼓起相同的勇氣和投入相當的心血，才能出書並請你身兼喜劇天王和知名作家的老闆為你寫推薦序，然後接續的內容都在胡亂瞎扯。如果你只是為了看推薦序買這本書，我不會怪你。現在我才了解到，讓曾任《哈佛諷刺》雜誌（*Harvard Lampoon*）[1] 兩屆社長、《週六夜現場》（*Saturday Night Life*）和《辛普森家庭》（*The Simpsons*）的編劇、榮獲艾美獎（Emmys）四次的人來為我的書開場，是多大的錯誤。上面這些功績我半點都沒有，但這本書的收益流進我的口袋，而非他的口袋，所以我才是贏家。

　　這本書就是我的巔峰之作了。我很自豪有這樣的自知之明，也希望你能和我抱持一樣的想法，因為這樣你的期待才不會太高。這是這些年來我擔任康納・歐布萊恩的行政助理，多次使用的戰術——「降低期望值」。

　　但以前可不是這樣！過去我一直渴望別人對我保有高度期待，還為此感到驕傲。所以我怎麼會變成現在這樣呢？

我不是一大早醒來，突然領悟到：「我不想再努力了。」那是一個漸進的過程，我很清楚它的來龍去脈。剛開始我一頭熱，加長自己的工時、適時巴結諂媚，總是努力做到超乎要求。我卯足全力讓長官對我刮目相看，只為求升遷，一心想在電視界開展事業、發光發熱。

後來，我開始安於現狀。工作愈久，我就愈常覺得：「這樣就夠好了。」然後變成：「這和我當初預期的不一樣，但勉強能過關。」最後再變成：「就這樣，收工。」

這本書會探索我成為「世界上最爛的助理」一路以來的所學。我唯一的願望就是把這份智慧傳承給後世的上班族。想要知道如何在上班時間看完一部劇情長片嗎？聽我的準沒錯。想要趴在辦公桌上迅速補眠嗎？讓我來示範一下。更重要的是，你想要不再糾結職涯發展不如預期嗎？朋友，搬張椅子坐下，聽我娓娓道來。

大學時我會通宵讀書，最後還以優異的成績畢業於南加州大學（University of Southern California，簡稱USC）。

但上週我本來只是要迅速跑個腿，沒想到一離開工作崗位就消失了三小時。

在美國全國廣播公司（National Broadcasting Company，簡稱NBC）工作時，我自學了Photoshop的基礎功能，所以我們公關部就可以自製記者會的記者證，不用再外包業務給圖像新聞部。如此一來，公關部便能省下一筆錢，我在團隊的角色也更加穩固。

但上個月，因為我一時解不出《紐約時報》（ The New York Times ）的數獨題目，而忘了給康納當天節目獨白笑話的

稿子影本。

當初在工作面試的前一刻，《康納·歐布萊恩深夜秀》（*Late Night with Conan O'Brien*）當時的公關馬克·利畢思（Marc Liepis）向康納傳了訊息，告訴他我是個人才。

但上星期一，因為我忙著再追一遍《富家窮路》（*Schitt's Creek*），而沒去拿康納降膽固醇的處方藥。

這本書詳細記錄我的野心殞落史。從大學畢業到現在，究竟發生什麼事？當初為了進電視圈拚命努力的人，怎麼現在成了「世界上最爛的助理」？你且慢慢讀下去，我會引領你到一個全新的世界，在那裡截止日期只是笑話，專業倫理常常被晾在一邊，你也不用再為了工作而少看任何一集你最喜歡的電視節目。

這些故事是我的回憶，裡面全是教你變成我的小技巧和指南。雖然缺乏野心和動力，但我有的是慷慨大方。現在，就讓我來介紹……

我是誰？

我是索娜·莫夫謝相，我從2009年開始為康納·歐布萊恩工作，我的工作表現不佳。

過去電視一直是我的避風港，雖然我沒有什麼需要逃避的東西。《芝麻街》（*Sesame Street*）、《羅傑斯先生》（*MisteRogers*）、《閱讀彩虹》（*Reading Rainbow*）陪伴我成長，之後我漸漸迷上《歡樂酒店》（*Cheers*）、美國廣播公司（American Broadcasting Company，簡稱ABC）週五的黃金

時段節目（TGIF programming）和NBC週四的「必看節目」連播（Must See TV）。我會和媽媽一起看《飛越比佛利》（*Beverly Hills*, 90210）以及《飛越情海》（*Melrose Place*）。後來我終於接觸到HBO，也正是從那時開始，我不再奢望要發展更有「生產力」的興趣。

巴菲・薩莫斯（Buffy Summers）[2]是我的偶像，當時喬丹・卡塔拉諾（Jordan Catalano）[3]是我的男神，而韋恩・阿諾德（Wayne Arnold）[4]則讓我聯想到我的哥哥。

大一的演說課，我做了一個有關HBO播映模式的團體報告。大二的創意寫作課，我寫了一首頌揚電視遙控器的詩。

讀大三時我說我想往電視產業發展，但大家叫我想都別想，因為我沒有人脈。他們對人脈的說法沒有錯，但我不認為這會對我構成阻礙。

高中畢業後我進不了任何一間我申請的大學，於是我先去讀了一所社區大學。高中大半的時光，我都在蛋洗別人的房子，根本沒在念書。如果1990年代末你住在加州的哈崗市（Hacienda Heights）[5]，當時曾經一覺醒來發現你家被蛋洗，但想不透誰會做出這種事，又沒有涉嫌重大的仇人，那凶手就是我和我朋友了。我很抱歉。你真的很無辜。我那時根本不明白蛋洗對房子的影響有多大。一直以來，我很努力擺脫這種思慮不周全的性格，但它已經跟了我一輩子，而且現在還在困擾我。我總是先行動再思考，尤其對搞笑的事更沒抵抗力。

有天晚上我和朋友在路邊車子的擋風玻璃上塗鴉，因為適逢情人節，所以我們用鮮奶油畫了愛心。沒想到，其中一

台車子裡面有兩個人。他們尾隨我們，把車停在我們旁邊然後開始對質。後續馬上就演變成一場郊區高速追逐戰，我朋友麥奇（Mikey）的車是他奶奶的凱迪拉克，最後他還得花大概五千美元修車。我們靠著停在一個私人車道才甩掉他們，最後還在那兒躲了大概45分鐘，覺得差不多安全了才出來。那天我們真的嚇死了，所以從此之後便不再搞這些小小惡作劇。

上大學後，我的學業突飛猛進。不過老實說，我也搞不清楚為什麼擺爛這麼多年，我突然在意起自己的成績。總之我有了機會能夠轉到好學校讀書。

後來我決定就讀南加州大學。有次在校園中，我發現了NBC另類節目（alternative programming）部門實習機會的公告。我經過申請、面試，最後在接到錄取電話後，就去塔可鐘（Taco Bell）[6]慶功了。我要把握這個有史以來最好的機會，藉這本書自白：其實我申請時，根本不知道另類節目是什麼鬼。我20幾歲的腦袋瓜以為那是前衛電影（avant-garde filming）的意思。實習好一段時間之後我才知道，另類節目部門基本上負責所有非分集但有腳本的娛樂節目，例如：電視電影、特輯、綜藝特輯還有實境節目。 那是我在工作生涯第一次，但不是最後一次，成功裝懂。切記，假裝你知道自己在幹嘛，永遠不要發問。

說到假裝知道自己在幹嘛，我想提一個有關娛樂產業助理的科學理論。不過其實這個理論也可以適用其他產業的助理啦。

人形蜈蚣理論

　　這本書要說的是什麼？我是「世界上最爛的助理」，是因為我工作表現很糟嗎？還是因為我拒絕符合大眾對助理這個職業先入為主的定義呢？

　　我們看到過去很多好萊塢電影中的助理角色，在工作上都被不當對待。在《老闆送作堆》（*Set It Up*）中，就有助理幫老闆買午餐，看來搞笑但也讓人倍感壓力的橋段，還有《助理》（*The Assistant*）裡悽慘又不人道的待遇也是一例。為什麼會這樣呢？當然某些描繪可能誇大了一般助理的境遇，但令人難過的是，大部分的劇情都是真的。此時此刻，就是有像《助理》中的老闆一樣殘暴又愛虐待助理的人正在發威。此時此刻，某個地方的助理正因為忘記替老闆點薯條當附餐，而被罵得狗血淋頭。一位大學剛畢業、準備迎向世面挑戰的新鮮人，對於這些好手好腳又具備一身專業的成年人展現的包容力，真是令人佩服。

　　在我大學剛畢業的時候，有人說如果能在經紀公司待上一年，什麼工作就都難不倒我了，所以建議我去經紀公司工作。我曾聽說有經紀人會把印表機砸在助理身上。從過去到現在，對於成年男性和女性而言，只有咆哮才能達到對下屬講話該有的音量。那時我早就知道娛樂產業很血汗，但我還是深受吸引，不過如果有人對我砸印表機，我的耳環鐵定會被扯下來。

　　我在構思這本書和思考為何助理願意忍受不當對待，以及相反地，為何娛樂產業的老闆這麼愛虐待助理時，想

到了一部電影。那部電影叫做《人形蜈蚣》（*The Human Centipede*），是我在2010年「法律禁止在電視上搞笑」（Legally Prohibited from Being Funny on Television）巡迴時，和我的朋友梅根（Meghan）坐在巡迴巴士後座一起看的。

《人形蜈蚣》的劇情讓人血脈賁張，講述兩名女子的車半路故障，因此借住於一名恐怖男子家中，這個人恐怖到一般人根本不會想與他交談。他一出場就散發「怪怪科學家」的氣質，後來他告訴這兩名女子，他要動手術把她們和自己囚禁的另一名男子的身體連接起來，以屁股連嘴巴的方式，串成一條「人形蜈蚣」。

但是，索娜，這和娛樂產業有什麼關聯？

快講到重點了。

為了獲得營養，人形蜈蚣最前頭的人可以吃正常的食物，糞便則很不幸地會流到下一人的嘴裡。而中間的人為了補充養分，只能吃下前面的人的糞便，然後同樣將自己的糞便排到末端的人的嘴裡，最後末端的人正常排便。為了論證我的人形蜈蚣理論，我只會以最前頭的人舉例，後面兩個超展開的遭遇我就忽略不提。

索娜，我實在不想打斷你重述這部荒謬又噁心的電影其中荒謬又噁心的情節，但我真的想不透你的重點是什麼。

我剛剛就說快講到重點了啦。

好吧，所以這個劇情的意義是？

嗯，我沒有研究實證、科學實證和什麼有力的根據，不過我的理論是在說，娛樂產業的階層體制可以用人形蜈蚣比擬。

主管、經紀人和製作人就是最前面的人，他們會吸收養分，然後養分會轉為怒氣和糞便，莫名其妙地排向下層的人。中層的人相當於人形蜈蚣的中段，一定要吃掉上層的糞便，然後向底層的人排便。最後一層沒有接續的人了，所以他們只能去廁間解決，趁著四下無人在裡面偷哭。

索娜，這聽起來……還是很讓人不適。那如果有人在最底層然後升遷了，狀況會改變嗎？

你在蜈蚣鏈的位置會爬升。你的屎可以拉在別人的嘴裡，還有現在你吃的屎相較之前更靠近源頭。這是個永無止境的循環，吃、拉、吃、拉、升遷、吃、拉在別人嘴裡、升遷、吃美食，然後再繼續傻傻地把屎拉在別人嘴裡。你也說不出這麼做的理由，但經驗告訴你就是如此，除了經驗你也別無所知。

我知道某些人會虐待別人，是因為自己曾遭受虐待，然後相信把人當作垃圾對待是在職場轉大人的必備態度。如果你帶著這種態度來到最高位，手握強大的權力和影響力，就會覺得你自然有權欺負下屬。

那要如何砍斷娛樂產業的人形蜈蚣呢？其實很簡單，只需要我們保有意識，不要把像是實習生、製作助理、行政助理等等的工作夥伴當作垃圾對待。

我真心希望虐待人的風氣走入歷史。康納是以和格雷格·丹尼爾斯（Greg Daniels）[7]組成的編劇組合入行，後來這個組合成為傳奇。康納從來不安於現狀，一心只想參與製作他喜歡、認同的節目。對於像他這麼聰明又風趣的人來說，這當然不是做夢。他很早就嶄露頭角而受大家敬重，所以他

從來沒吃過別人的屎。至少就我知道是如此。所以當時遇上我這位又吵又不受控的女子，儘管他擁有16年深夜脫口秀主持經驗，他也打從心底不認為需要虐待我。我犯了錯，他從來不會貶低我。他找我碴時就像個大哥哥，不停捉弄我還有採用被動式攻擊來惹怒我。但他的出發點從來不是「因為他是我老闆」，所以可以有這些舉動。

現在就來談我想寫書介紹如何成為就一般標準而言爛助理的真正原因。如果你很憧憬娛樂產業或任何老闆很難搞的產業，我的建議是：不要讓別人在你的嘴裡拉屎。這當然不是字面上的意思，畢竟你下班後想怎麼玩是你自己的事。以下幾點建議供你對付不按牌理出牌的老闆：

一、降低老闆對你的期望

現在是晚上六點，老闆叫你替他在市區時下最夯的新餐廳訂位，而且時間就訂在等會兒的七點？你打給餐廳要訂位，業者卻因為這項不可能的要求而捧腹大笑？你打算要直接去餐廳，和有七點訂位的客人一手交錢一手交位嗎？你考慮過直接到現場找上店經理，向他提出給你七點訂位的好處，像是送他演唱會免費的票？其實你手上沒有半張免費的演唱會門票，但你到時候會為了這位陌生人，拚著老命去搶他感興趣的演唱會的票？停。不要努力了。你訂不到位的。有些事就是辦不到。告訴老闆你試過了但事情不可能辦成，然後再替他尋找合理的替代方案，想想有沒有其他優質餐廳而且訂位容易。如果老闆一副要在你嘴裡拉屎的樣子，閉上你的嘴。門都沒有！

二、勇敢拒絕

　　老闆叫你開除你很欣賞的實習生，只因為他有膽和老闆四目相接？如果有人交代你做不合理的事，尤其是不在你原本工作描述內的任務，你可以拒絕。同樣的道理，不要怕去爭取你需要的東西，包含在符合公司放假規定下，提出合理的請假需求。不要因為你必須去老闆家整理他的襪子，而錯過你奶奶的葬禮。奶奶不該受這般對待，而且請假一天是合理的。

三、不要讓老闆嗅到你對他的恐懼

　　如果老闆就是個喜歡當人形蜈蚣最前頭的大渾蛋，不要讓他知道你很怕他。其實你根本就不應該怕他。我以前工作時確實會怕一些人，但那是剛開始工作會出現的正常現象。不過，我工作至今學到的最佳技能，就是明白地點出別人對我的無禮舉動。為自己挺身而出、向老闆提出更多需求，都是合理的。你憑藉實力獲得這份工作，老闆也沒有意願多花時間教導新人，所以他不大可能只因為員工捍衛自己的權益就叫你走人。

　　我思考過是什麼讓我成為「世界上最爛的助理」，馬上浮現在我腦海的原因，就是我不願意為了上位而傷害自己的身心靈。流行文化和現實生活中的助理形象，在在傳達要想在娛樂產業的割喉戰中脫穎而出，我們就得委屈自己。但我從來沒有屈服。過去我做過公關助理，服務的幾位上司壓力都非常大，於是就把這些壓力發洩在我身上。過了整整兩個月，我才發現這樣任人糟蹋並不值得。承受他們的不快樂只

會帶給我自己不快樂，就算我的工作表現沒問題，我的心理健康和對工作的滿意度也逐漸下降。開始為康納工作後，我才發現可以甩開這些對助理既有的傳統要求，然後盡情享受工作帶來的種種好處。

採用這些建議會讓你丟掉工作嗎？很不幸地，會。有些產業的老闆自認有權欺負底下的員工，你就算拒絕乖乖吃屎，他也不會善意理解。但任人糟蹋真的值得嗎？你願意為了取悅他人犧牲多少自我價值？我想說的只是：不要當人形蜈蚣的最後一節。

你可以脫離人形蜈蚣，吃自己想吃的東西，然後大在馬桶裡。這個比喻好像有點扯遠了，總之，你，可以終結這些不當待遇。現在的員工來自一個全新的世代，只要在推特上說別人的壞話，那個人可能就會變成過街老鼠。聽起來很可怕但也很奇妙。斷開我們的嘴和壓迫我們的人的屁股，站起來吧！一起讓大家知道好萊塢和紐約媒體界的老大，是我們這些助理。

我個人很樂見現在不只在娛樂業，甚至在各行各業出現的轉變。大家漸漸理解不用為了事業發展，忍受低薪和不當對待。我們可以打造出相互尊重、以善待人的環境，員工的薪資也都足夠度日。哈維‧溫斯坦（Harvey Weinstein）[8]是性侵成性的妖孽，現在等著坐牢。比爾‧歐萊利（Bill O'Reilly）[9]慣性對人大小聲，現在手上的節目都沒了。所以即使業界壓力再大，人還是能秉持正直和善良。如果我是因為拒絕把嘴接在別人的屁股上，才被冠上「世界上最爛的助理」稱號，那就這樣吧。

呃，不是，等一下。我得從實招來，其實有時我的工作表現真的很糟。

但我不是一直都這麼爛，我可是經歷了很多才變成這副模樣。

工作經歷

還沒大學畢業，我的履歷已經洋洋灑灑匯集各式工作和娛樂產業實習經驗了。你可能會好奇，備受愛戴的喜劇主持人的助理，究竟有什麼了不起的工作經驗？現在就一起來看看讓我得到夢幻工作的華麗履歷吧。

以華堡作為職涯起點

升高三的暑假，我16歲，在家裡附近的漢堡王找了一份工作。我在工作時身著綠底黑條紋的襯衫、黑褲、貌似醫療矯形鞋的黑鞋和遮陽帽式的工作帽，天知道男人看到我是怎麼抵擋我的魅力的。不過我也沒有穿著那套制服的照片了。我剛開始負責的是點餐，後來上司把我調到得來速窗口，讓我既驚喜又驕傲。因為這份工作要在短短30秒內完成收錢和給餐，所以只有心臟夠大顆的人才做得來。當時只要我抬頭看時鐘，確認我成功完成了30秒內的任務，一股前所未見的成就感便油然而生。我會環顧四周找人擊掌，但旁邊總是沒人，而且所有同事好像都對我的勝利不以為意。我想要他們和我共享成功的歡樂，但大家都各忙各的，所以我只能獨享這份喜悅。我常常揮拳慶祝，輕輕地低聲呢喃：「幹得好

啊！小娜！」

　　所以我學到什麼？這個工作經驗教了我什麼，讓我有資格當上康納的助理呢？教會我頂住壓力，好好工作？還是趕死線，提升效率？答案當然是以上皆非。它教會我的是為自己喝采。有時康納全神貫注講到新的段子，尤其是那種調侃我、惹得大家哄堂大笑的段子，我會回到座位，握著拳頭然後小聲唸著：「幹得好啊！小娜！」過去我想和他人一起慶祝得來速勝利的片刻，讓我發覺，我最想尋求認同和討拍的對象就是我自己。這有助於提升我的自信嗎？倒不盡然。這麼做很可悲嗎？嗯，蠻可悲的。

　　讓我們繼續看下去。

學會在工作時小睡一下

　　高三到大二期間，我在普恩特希爾斯購物中心（Puente Hills）裡一家名叫滴刻鐘錶（Tic Time）的鐘錶行工作。在購物中心工作就代表平日沒事做，唯有晚上和週末才要認真上工。不過更重要的是，這也代表我享有美食街的員工優惠。我每天都會吃照燒雞肉丼。為什麼不是吃成吉思汗蒙古烤肉（Genghis Khan Mongolian Grill）、上等牛排與馬鈴薯（Great Steak & Potato Company）的潛艇堡、斯巴洛（Sbarro）的披薩或甚至熊貓快餐（Panda Express）呢？因為那家賣照燒雞肉丼的店就在鐘錶行樓上，其他家都遠在購物中心的另一側。這就是為什麼我說我的履歷吸足了貴氣，讓我有資格和好萊塢大咖明星密切合作的原因。

　　我在鐘錶行負責招呼客人，賣化石（Fossil）和精工

（Seiko）的新款腕錶。心情大好時我會推薦客人買雷達（Rado）的錶。聽說雷達手錶用的硬合金，就是他們製作太空梭用的材料。這個說法是真是假我不清楚，但只要能把錶賣出去，什麼謊我都願意撒。不過這是一份滿悠閒的工作，整天有好長一段時間都沒有客人上門，忙不忙全由自己決定。展示櫃再怎麼用穩潔（Windex）擦拭也就是那樣了，所以我開始看書。有一年夏天，我看了《螺旋溜滑梯》（*Helter Skelter*）[10]。順帶一提，這本書對零售業工作者來說根本是最糟的讀物。客人看到鐘錶店店員讀著1960年代濫用藥物的邪教團體犯下的大宗謀殺案件，這絕對是最毛骨悚然的購物經驗。有時真的太閒，我會躺在櫃檯後面，閉上雙眼，開始深層休息。

對啦，就是睡覺。我會小睡一下。

當我沉浸在這份工作的光鮮亮麗、對客人的謊言和我的讀物帶給他們的創傷，我在滴刻鐘錶行的時光可以歸結於一個片刻，一個再簡單不過的片刻——一對夫妻來店裡換手錶的電池。

偶爾會有客人上門來換電池。其實換電池很簡單，但不知為何我就是很怕這項工作。如果電池容易更換，我們會在店裡現場處理，但如果電池背蓋不好開或鏡面設計精密的話，我們就會留下客人資料以便轉送他處更換。我不知道他處是哪處，過去經驗是送修的手錶消失之後，隔天自然就會回到店裡。當然也很有可能是會換電池的人直接來店裡處理。我從來不會去留意身邊的人事物。總之這對夫妻來店請我換電池，那隻手錶的鏡面設計複雜精密，但那天不知道怎

麼搞的，我心想：「啊，隨便啦！」於是就自己弄了起來。換完電池，我把手錶放在拴回電池背蓋的儀器上，突然，手錶精美的鏡面碎掉了。

　　我站在原地，思考要怎麼解釋才能掩飾我剛才做了什麼。我驚慌失措，差點在滴刻鐘錶行裡哭了出來。我想過拿手錶本身的問題當藉口，還是我把錯推到那對夫妻身上呢？不可以。但我確實想到以他們當藉口的說詞。我還站在原地，短短幾分鐘卻像過了幾個小時，盯著鏡面碎裂的手錶，想著要怎麼交代才能脫罪。我走向他們，說：

　　「真的很抱歉。剛才將您的手錶放在儀器上要合蓋時，我把鏡面弄碎了。真的非常抱歉。我們會負責修理的費用，我也一定會向經理報告我的疏失。」

　　那對夫妻聳了聳肩，微笑回答：「沒關係，這種事難免會發生。」

　　這兩個人有什麼毛病？他們不生氣也不難過，完全諒解我的過失。難道誠實以對真的是面對錯誤的最佳選擇？還是這對夫妻神經有問題？那天的經驗顯然帶給我許多值得省思的點。

　　那段插曲之後，當我每次在工作上出差錯，我都會發狂似地據實以告，完全誠實以對，全盤托出。誠實到縱使錯不在我，只和我勉強扯得上關係，我依然會道歉並負責。而在我開始降低工作標準時，這個態度出乎意料地變成我的一大優點。你會對承認錯誤並道歉的人大動肝火嗎？不會嘛。所以承認自己的缺失大概就是我唯一的工作長處了。

快要開始轉大人的時候……

　　大學時期我做過幾份不同的工作。第一份工作是當學習夥伴。我帶過一個美式足球校隊的學生，我還清楚記得他曾經努力說服我「won't」這個縮寫不用加上那一撇。但他長得帥，所以我不和他計較，而且他的手臂也好讚，有那樣的手臂誰還管他會不會用撇號？我做這份工作唯一的收穫就是學會如何使用逗號，還有發現我會放縱帥哥，不糾正他們的爛文法，還有一份收穫，就是意識到或許我不是當家教的料……

　　我在南加州大學時換了別的學生兼職。因為之前我透過助學措施取得半工半讀的資格，後來開始在文學、藝術和科學學院（College of Letters, Arts and Sciences）的公關組打工。我很愛這份工作，而且我人生中第一次加薪就是做這份工作時領到的。後來我做了兩個學期，老老實實處理受指派的任務。這份工作讓我覺得好像有自我成長，可能真的有吧。

……直到我被洛杉磯的熱門景點開除

　　在我成為高尚爆表的電視節目助理的路上，下一份極致誘人的工作是在好萊塢露天劇場（Hollywood Bowl）[11]。當初申請好萊塢露天劇場的工作，我心中幻想著工作的場景，想像著我小心翼翼地暗自欣賞劇場的各式表演，但事實並非如此。

　　我在四家由露天劇場所有的其中一家店工作，店裡的志工幾乎都是退休的長輩。他們一向非常和善可親，但劇場節目一開演，這些該死的志工就會脫下圍裙，衝去劇場看秀，

獨留我這個支薪員工在店裡坐著，悶到發臭，乾等人潮離開劇場再到店裡消費。我打娘胎出生從來沒經歷過這麼嚴重的錯失恐懼症（Fear of Missing Out），那還是我頭一次那麼忌妒老人家。

我的值班時段都在下午，從下午兩點開始，通常約晚上十一點會結束，所以下班後根本沒有時間做什麼事。試想一下我的處境：你被牢牢綁在好萊塢露天劇場沒空去海邊玩看電影連和你喜歡的男生共度時光都不行這個男的沒有明確暗示他對你也有好感但他喜歡和你一起去吃漢堡所以你就自以為他喜歡你因為見面時都是你在講話而沒注意他的反應但是每次他的進攻機會來的時候他都按兵不動因為你覺得他可能會不好意思不過他不用害羞因為你早就完全透露出願意把關係昇華到不同階段的心意你還會熬夜思考要不要自己先發制人可是你又一直想像自己先進攻會被他拒絕而因此心生畏懼要是被拒絕你的自尊心一定再也長不回來所以最後你什麼都沒做。

好的，我本來要說什麼？喔對，好萊塢露天劇場。七月時，我從朋友那兒拿到了洛伊薩普樂團（Röyksopp）、地下混音小子（Basement Jaxx）和巴西DJ三人組波薩庫卡諾瓦（Bossacucanova）演出的票。我在商店裡遠遠俯瞰劇場，那場演出是我此生聽過音量最大、最令人熱血沸騰的音樂會。彩色雷射光柱射向天際，煙霧躍過超級高牆，這座牆擋住我的視線，牆的另一邊明明是當季最棒的演出，我卻無法欣賞。觀眾歡聲尖叫，每位上完廁所的觀眾都小跑步回到劇場，臉上洋溢著極致的幸福，好像剛才的電子音樂演出是此

生不再有機會見證的奇蹟。

　　獨自坐在小店裡，聽著17,000名觀眾享受人生，這根本是史上最糟經驗。更慘的是，我的一位店經理走出人群，滿頭大汗還喘著氣，但臉上掛著大大的笑容，好像剛剛才從有生之年最棒的狂歡派對回來，說：「演出真的太棒了！」他告訴我在好萊塢劇場工作這些年來，他還是第一次碰到附近好萊塢山莊的住戶打電話來抗議噪音太大聲。

　　對我而言，和音樂會維持這樣若即若離的關係相當於酷刑，我可承受不了第二回。

　　之前我已經和經理說過，我計劃和表親八月到澳洲旅行，所以後來問了管理層要怎麼安排工作。因為兩個星期的假期對季節性打工來說是非常奢侈的要求，所以我心想他們會叫我乾脆不要做了，但他們沒有。本來想說能以澳洲行作為離職的藉口，好好享受剩下的夏季時光，沒想到他們告訴我會留住我的職位，等我旅遊回來再繼續工作。靠天。

　　我從澳洲回來後就完全不想在夏季打工了。我想要自己的夏季時光和自由，但他們幫我留了位子，我不能說辭就辭。所以我做了自以為不至於那麼糟糕的決定，幾週之後我就直接不去上班了。因為我覺得直接辭職走人會讓我變成大爛人。不然還有更好的辦法嗎？這就像你有一個對象，因為分手實在太難了而且會起尷尬的衝突，於是你變成不及格的伴侶，盼著他自己想通然後甩了你。當時的我又笨又不成熟，一心想要好萊塢露天劇場把我甩掉。

　　勞動節是劇場極為忙碌的週末假期，我朋友正巧計劃來加州的棕櫚泉市（Palm Springs）旅遊。這是惹怒我善解人

意又和藹可親的老闆的絕佳機會，讓他們順理成章地把我開除。我用了一個很爛的藉口請星期五的假，星期六依樣畫葫蘆，最後，他們星期日打來告訴我，他們不需要我了。好萊塢露天劇場，不客氣！你們在短短的旺季不顧兩週的假期，替我保留了工作，我以糟糕透頂的工作倫理和完全零溝通來報答你們。

這份工作帶來的磨難教會我什麼，有利我後續為康納工作呢？

嗯，什麼都沒教。要到公司上班？要把辦公桌設在知名的劇場附近僅僅幾呎遠，就別期待能好好工作？我想最重要的是，它讓我知道不要當個渾球。多年來我以年少無知來合理化當時的作為，但在寫這本書時，我傳訊息詢問表親當年澳洲行的時間，結果發現那時我不是乳臭未乾的十幾歲少女，其實已經二十歲出頭了。這讓我年輕不懂事的說法轉向，當時我早已大到能意識到行為的不妥。我的所作所為毫無藉口。每次我去好萊塢劇場，眼見可悲的打工仔傻傻坐在店裡，他們盯著人群走向劇場去觀賞永生難忘的表演，我都會想起這則往事。

好幾年後我才和康納說我被好萊塢劇場開除的事。他當然很震驚，但也覺得很有趣。

大學畢業後的第一份工作

大學畢業後我進入一家娛樂研究公司工作。我和別人提到這份工作時大家都覺得很厲害，但它和我有志追求的道路完全天差地遠。為什麼我會做自己不想做的研究工作呢？可

能是因為工作機會來的時候，因為我不知道自己要追求的是什麼，所以我只是聳聳肩，說著：「研究？」然後就這麼接下工作了。

上班要通勤兩個小時，辦公室的同事和我毫無共同點，才做三天我就想離職了。一個半星期後，我一大早就走進老闆的辦公室，向她報告我真的做不下去。當天午餐時間，NBC的見習計畫單位（Page Program）通知我已成功錄取見習計畫。計畫的面試是六個月前舉行的，要不是那通電話，我早就忘得一乾二淨了。

我從這份娛樂業研究工作上什麼都沒學到。因為待的時間不夠久，所以除了辦公室用品放哪裡，我一無所知。

恍然大悟

因為我能藉NBC見習計畫在第一線了解電視節目的製程，所以我很享受見習的工作。而且我不知道自己確切想要做什麼，所以這份工作可謂完美。我唯一不滿的是制服，見習生的制服和《超級製作人》（30 Rock）中見習生肯尼斯（Kenneth）的衣服幾乎一樣：白色扣領襯衫、藍色聚酯纖維西裝外套、孔雀圖案的領帶。唯一差別是我還要穿不合身的灰色裙子和黑色褲襪。就和你腦中想像的一樣，醜極了。

真討厭那套制服。

整整六週，我都穿著那套制服去導覽。我們的培訓內容是聽其他見習生提供的導覽，然後我得承認，我在導覽時提供的資訊，十之八九都是不正確或是捏造的。我亂講的東西有些是過去見習生流傳下來的笑話，有些是我自己原創的內

容。如果你2006年曾造訪NBC在伯班克市（Burbank）的片場，由一位捲髮、制服不整的女生為你導覽，那麼你接收到的資訊大都是假的。錯！NBC伯班克大樓的建築設計不是為了避免其他電視公司透過窗戶窺探他們的企畫。錯！強尼·卡森（Johnny Carson）[12]每次節目開演前用的化妝間裡並沒有日曬機。我說的話有九成都是編造的，抱歉了。

話說回來，我導覽的是NBC在伯班克的片場。這間攝影棚毫無美感可言，卻聚集了大眾想看的節目布景，像是《我們的日子》（*Days of Our Lives*）、《走進好萊塢》（*Access Hollywood*）、《傑哥脫斗秀》（*The Tonight Show with Jay Leno*）。就是這樣，導覽內容就是如此。因為遊客會偷道具，所以我們不得進入真正拍攝《我們的日子》的場地，只能站在布景後門的黃線後，窺視被大木牆擋住的無聊布景，然後導覽員會介紹：「這就是《我們的日子》的布景！」我所導覽的遊客會歪著脖子好一窺究竟。我們會在那兒待上大概三分鐘再前往下一站。如果你很不幸地參加的是下午的導覽，而且《走進好萊塢》和《傑哥脫斗秀》都在那個時段拍攝所以會關閉片場，你就只剩《我們的日子》那幾堵牆面可看了。這可稱不上是人生的驚喜時刻。

我一直都覺得導覽僅此而已很可惜。不過，某次導覽時，在《我們的日子》中飾演盧卡斯·霍爾頓（Lucas Horton）的布萊恩·達蒂洛（Bryan Dattilo）剛好站在片場外，我那一團有兩位小姐看見他後，完全失控還差點哭了出來。達蒂洛很親切，同意和她們一起合照，還小聊了一下，甚至還誇獎其中一位小姐的香水很香。我這輩子從來沒看過

兩個女人可以激動成這樣。達蒂洛回去拍攝後，香水獲得他稱讚的小姐操著南方口音，尖叫喊著：「我以後都要噴我的白鑽香水！」

　　同團的其他人也都替她們開心，我更是如此。以前我覺得成團來看這些在我眼裡超廢的布景，真的是莫名其妙。我想不透為什麼每天全國各地都有人在看使用這些布景的節目，可能還看了很多年，然後走訪任何他們最愛節目的拍攝地點，他們都會雀躍不已。後來我發現，那兩位小姐專程飛到洛杉磯就是為了參觀《我們的日子》的片場。即使眼前只是巨型木牆她們也毫不在乎，因為她們知道牆後有什麼，能夠這麼靠近牆後的事物就足以讓人心滿意足了。

　　實習計畫期間，我受指派擔任公關部的活動細流統籌，負責首映派對、殺青宴，還有非常多的媒體活動。我拚命地工作，後來因此在公關部轉為正職。我很喜歡那個部門。為康納工作時劣化的工作倫理，就是在這份工作期間埋下種子。統籌工作我做得很好，只是休息時間我會溜到公共區域，用電視看《傑瑞‧史普林格秀》（*Jerry Springer*），音量還調得很大聲。當然，還有其他跡象顯示我對工作的態度漸漸變得比較隨意。

有跡可循

　　擔任NBC活動細流統籌絕對是我的職涯的最大轉捩點。這份工作讓我確實應用了建立人脈的長才，還帶我和一些人搭上線，是我最終獲得現在工作的關鍵。工作期間，我的自信心也轉化為比較隨性的工作態度。在那兒工作愈久，我

就愈安逸，愈安逸就愈會打混摸魚。從我開始這麼做之後，總覺得好像招來的不是反對，而是掌聲，於是我認定了，不論未來擔任什麼職位，這就是我這輩子的工作哲學。但可想而知，當追求完美的動機隨時間消散，工作自然開始分崩離析。可是你知道嗎？我覺得沒差。

我做活動細流統籌時，負責的工作是追蹤各式活動的邀請函，例如：記者會、殺青宴、首映派對等等。我要確認出席活動相關的電話留言和電子郵件，記下哪些賓客要參加活動、哪些客氣地婉拒。這點事顯然需要有大學學歷的人才能做呢。

我承辦過的一個活動是迪克・沃夫（Dick Wolf）好萊塢星光大道（Hollywood Walk of Fame）揭星典禮的午餐會，時間是2007年3月。他在好萊塢大道上的星星，正好位於好萊塢羅斯福飯店（Hollywood Roosevelt Hotel）的門口，而午餐會就是辦在那間飯店裡。出席名單包括許多電視界大咖從業人員，有製作人、幕後人員，還有沃夫製作的夯劇《法網遊龍》（*Law & Order*）及相關衍生劇的明星。

我在午餐會的工作就是拿著我那塊好用的夾板手寫板、花了好久搞定的邀請函名單，站在通往餐廳的門口。那張名單我已經確認過太多次，只要你報上名字，我甚至不用看名單，靠記憶就能知道你是不是賓客。但在我擔任活動細流統籌不久後就發現，一旦開了門，一份細心製作和記憶的名單對我都會變得毫無用處。

要是你來參加NBC的活動，碰上我在門口待命，我會放你進去參加派對。名單有沒有你的名字根本不重要，因為

縱使我知道你不在名單裡，我會怕你是幕後人員或是誰的爸爸，所以我沒種把你拒於門外。你知道那些會拿著夾板手寫板，站在酒吧門口，然後因為你不在名單上，最後會嘓著嘴得意拒絕你入場的人嗎？我不是那種人。我覺得既然你都花了功夫盛裝打扮，開了這麼遠的車到斯巴鉤餐廳（Spago）、比佛利希爾頓飯店（Beverly Hilton）或巴沙迪納（Pasadena）的麗思飯店（Ritz），放你進去很合理。我是心存善念才得出這樣的結論。

　　這種善舉通常無傷大雅，不會有人注意到人群裡有陌生的面孔，但這個活動可是迪克‧沃夫在好萊塢星光大道揭星儀式的午餐會。午餐會當天，有一場活動辦在羅斯福飯店的另一間宴廳，許多賓客也是男性，活動名稱是「『第七屆花花公子高爾夫球王年度爭霸錦標賽』歡迎宴」。這個錦標賽很有趣，是高爾夫球友和「花花公子玩伴女郎」相伴參與的戶外活動。花花公子的活動結束時，我還在迪克‧沃夫午餐會的門口待命。當時我看到很多苗條、漂亮又穿得超級無敵單薄的女生走近，詢問我可不可以參加午餐會。我知道不該讓她們進去，但她們可是「花花公子玩伴女郎」，她們想要參觀一下迪克‧沃夫在牛排館的午餐會，可能是因為她們餓了？因為無聊？不管是哪個原因，看在她們對我很友善的份上，我就讓她們入場了。這麼做是對的嗎？當然不對。畢竟我的工作就是專門要阻止未受邀的人員入場，而她們不在受邀名單裡。既然我最後根本不管名單，名單存在的意義又是什麼？為什麼我要這麼做呢？因為當時我認為之後可以和朋友聊這個故事，一定很搞笑。

「嘿，今天工作還好嗎？」

「超酷的。迪克・沃夫拿到好萊塢星光大道的星星，揭星後接著在羅斯福飯店的牛排餐廳辦了午餐會。我負責門口報到。」

「聽起來很好玩。」

「餐會是很棒，但最棒的是我讓一群『花花公子玩伴女郎』進去參加派對。」

「什麼？」

之類的對話。

我一度往餐廳內看去，看到一群群男士之間夾雜身材纖瘦、雙腿修長的漂亮小姐。午餐會匯集盛裝出席的媒體從業人員，有人穿成套西裝、裙子和西裝外套，而他們身旁穿梭著幾位小姐，踩著六吋高的高跟鞋、穿著超級短裙和大膽展露雙峰的上衣。

那些小姐實在太顯眼，連我們的保全組長都跑來問我究竟怎麼一回事。是我做的，我讓一大群人闖入我們的活動，而現在已經一發不可收拾。我要怎麼和保全組長說，當初我覺得花花公子玩伴女郎湧入迪克・沃夫的派對，畫面一定很好笑？我要怎麼和他坦誠，我根本沒確認我花了好多星期整理的名單？我又要怎麼解釋，我既渴望受喜愛又缺乏自信，以至於我不敢在門口拒絕人入場，所以只要有人對我很友善，不管他和活動有什麼關係或沒有關係，我都樂意解開紅龍讓他和他的朋友進來？我實在開不了口，於是我告訴他這些人一定是從側門溜進來的。

最後保全組長跑去找每一位小姐，客氣地請她們離開迪

克·沃夫的午餐會。

　　我還承辦過另一個活動，受指派要替當時NBC的老闆傑夫·朱克（Jeff Zucker）的一場白天派對準備歌單。朱克想要把一首由歌手Rehab演唱，叫做〈酒保〉（Bartender）的歌放進歌單裡。當時我沒有和別人提過，但在沒有串流平台訂閱服務的年代，我會從LimeWire下載歌來聽，因此同時載了電腦病毒和有的沒有的東西，然後再傳到我的iPod。我下載的是那首歌未經審查的版本，到現在我還是想不通我這麼做的原因，總之它的副歌是這樣唱的：

　　　所以我把鑰匙插進她該死的破車
　　　把那台垃圾撞爛，然後一走了之

　　NBC環球集團（NBCUniversal）高層出席的白天派對，播著這一首歌。更糟的是，歌單裡我只放了四首歌，所以大概每隔20分鐘這首歌就會再出現。每次一出現，我就會看到大家疑惑地抬頭，剛剛明明還在談什麼大事，下一秒就中斷談話，想要搞懂為什麼如此重要的活動會播放這麼不適當的歌曲。最後我也不會覺得不好意思了，看著看著還覺得很有趣。

　　我明明缺點一籮筐，活動組的長官還是很喜歡我。他們不但沒指責我，還讓我隔年飛去紐約負責坎蒂絲·布希奈兒（Candace Bushnell）的新劇《口紅森林》（Lipstick Jungle）的首映派對，地點在薩克斯第五大道（Saks Fifth Avenue）。我得打理大概八百人的出席名單。結果我慣用的隨興模式在

那兒可行不通。在這場活動的準備期間，我頭一次被人吼著罵。坎蒂絲・布希奈兒會打電話給我留下語音訊息，要我把幾個名字加到那張超級長的名單裡，然後沒多久會要我整理好最新的名單，供她參閱。有次我送出名單前沒確認來電訊息，所以她想加的新名字不在那份名單裡，結果她非常不悅。她打電話來罵我不盡責，我使出屢試不爽的戰術，向她道歉、告訴她都是我的錯而且不會再有下次，沒想到她根本不在乎我的說詞，嚇得我心底發寒。如果我不是康納的助理而是她的助理，我就不會寫這本書了。那時我的直覺反應是安撫她，告訴她誰來薩克斯第五大道參加活動，我都會讓他入場，但我連忙想到她絕對不會想得到這樣的答覆。

總之首映派對開始後，我真的放了所有到現場的人進去，活動也進行得非常順利。我懷疑新劇的相關人士或坎蒂絲・布希奈兒本人都認識派對所有的人。不過，孩子呀，娛樂圈就是這樣嘛。

怎麼獲得這份工作

我和很多同齡人一樣，深夜秀的首選就是康納・歐布萊恩。我沒有特別偏愛傑・雷諾（Jay Leno）或大衛・賴特曼（David Letterman）這兩位深夜秀主持人，但每天凌晨00：35，我都會準時收看《康納・歐布萊恩深夜秀》。每次爸媽讓我哥哥和我熬夜看他的秀，我都覺得是小確幸。電視螢幕發出微微的光，我們看著、笑著幾個小時就過去了，還可能為了康納搞到隔天上學精神渙散。

很多人愛聊最喜歡《深夜秀》（*The Tonight Show*）的哪段短劇，但我個人鍾愛的是主持人的獨白，看著康納跳來跳去，還突然跳到鏡頭外然後跳起舞來，假裝有繩子拉著他的屁股搖擺。

我一聽說康納之後要在洛杉磯主持《今夜秀》（*The Tonight Show*），就告訴人資我想要去他的新節目工作。我還記得那時候的自己信心爆棚，覺得自己一定會錄取。我決定從電視聯播網轉戰到節目製作，當時只要有人問我公關部的工作結束後我要做什麼，我都回答：「我要去康納・歐布萊恩手下工作。」天知道這樣的自信從何而來，但我好像把這個職涯發展講得和真的一樣。

和人資談完的幾個月後，我在網路上申請康納《今夜秀》的一個職缺，就這樣把履歷投到一大疊應徵康納助理的履歷中。首先面試我的是執行製片莎拉・費德羅維奇（Sarah Federowicz），隔天的第二輪面試，面試官有莎拉、製作人翠西・金（Tracy King）還有康納本人。

面試的地點是一間辦公室，我一走進去就被星光嚇得腿軟，只能竭盡全力不要失態。這完全就是《我們的日子》的片場，而我就是那位擦白鑽香水的女子。我穿著紫色（我的幸運色）的衣服，試著全神貫注，但全程滿腦子都想著：「靠，我來面試是為了成為康納的助理。」

走進辦公室後，我一一和翠西和莎拉打了照面，最後康納做了自我介紹並告訴我盡量放輕鬆，這場面試不走正式路線。我接著問：「那我可以躺在沙發上嗎？」他們一聽到，三個人都笑了。當日稍晚我就接到人資的電話，通知我錄取

了。人資代表說康納喜歡我的沙發笑話。結果成功拿到康納
這份工作的原因，是我開了一個耍廢的笑話，說好聽一點可
能是對往後的預言吧。

　　當上康納的助理後，我的粉絲病很快就消退了，而且
我青少年時期最崇拜的喜劇天王最後變成了……討厭鬼。相
比實際工作後的情況，我為了得到這份工作好像費了更大的
勁。當初我有著雄心壯志還窮盡一切只為錄取，但我一發覺
工作環境這麼有趣後，原先的理想就慢慢褪去了。康納變成
了捉弄我還會要我和他擊掌的討厭鬼。

　　他告訴別人，我閒來無事會在市場以偷別人家的小嬰兒
為樂；他只因為我爸有八字鬍，就亂說我哥哥是我爸用木頭
雕出來的；他會在我吃東西時，把食物從我手中拍落，然後
我從地上撿起食物時，當著我的面大笑。雖然他和我都有屁
孩傾向，但我知道，經歷過去的種種到現在，這個位置就是
我的天命，而我的老闆也是命中注定。但我可能話說的有點
太滿了。現在就讓我來告訴你，我擔任康納第一把手的初期
發生了什麼鳥事吧。

第一章

在電影《穿著Prada的惡魔》（*The Devil Wears Prada*）裡，安・海瑟威（Anne Hathaway）飾演的安德莉亞（Andrea）惹怒了梅莉・史翠普（Meryl Streep）所飾演的米蘭達（Miranda Priestly），於是米蘭達刁難安德莉亞，要求安德莉亞替她拿到《哈利波特》（*Harry Potter*）尚未出版的手稿。安德莉亞當下陷入許多助理前輩也遭遇過的困境：覺得這項重要的任務根本不可能達成，到時做不到就得走人。最後她用盡所有的辦法，透過一位認識的作家朋友拿到原先不可能到手的手稿，並向米蘭達證明了自己的價值。我常常會想到這段劇情。安德莉亞一邊處理日常工作、幫米蘭達買午餐或跑各式各樣的外務，一邊打給每一位她認識的出版商時，那種驚慌失措展露無遺。因為她意識到自己無法達成任務，就算再想把這份工作做好，最後也注定失敗，所以生活在恐懼中。直到她成功達陣並洋洋得意向米蘭達報備，喜悅才直衝天際。這段劇情我想著想著，才發現我從來沒經歷過她的這些感受。透過這本書，我們來想想要是安德

莉亞和米蘭達的故事發生在我和康納身上，會是什麼情況。

康納：索娜！

　　沒人回答。

康納：索娜！

　　大衛是索娜辦公室的同事，他聽到康納在找索娜，於是探了探頭，發現索娜正對著電腦螢幕大笑而且還戴著耳機。大衛打了通電話給她。她發現手機閃著大衛的名字，雖然他們只相隔20呎，明明就能輕鬆對談，她還是接了電話。

索娜：大衛？
大衛：他在找你。

　　索娜把電話掛了，走進康納的辦公室。

索娜：抱歉，我剛剛在整理文件所以沒聽到你叫我。
康納：我想要那本羅伯特・卡羅（Robert Caro）的新書，我出去玩的時候要看。
索娜：喔好，我會叫布萊德去巴諾書店（Barnes & Noble）買。
康納：你剛剛在人行道上跌倒，撞壞你的小腦袋了嗎？
索娜：沒人說過我的頭小耶。

康納：羅伯特‧卡羅的書我都有了，我就是想看最新的那本。

索娜：你就不能等它出版再買來看？

康納：現在我就想看。

索娜：好，所以你想要羅伯特‧卡羅的歷史非虛構類新書的手稿？

康納：我在電視圈混這麼久了，拿個手稿而已，應該不難吧。

索娜：你沒對我說「拜託」。

康納：你在開什麼玩笑？

索娜：這個要求很困難，你好歹也要說個「拜託」。

　　康納翻了個大白眼，心不甘情不願地小聲說出：「拜託。」

索娜：不難對吧？說個「拜託」有那麼難嗎？

康納：複誦一次我交代你的任務。

索娜：我很討厭你一交代完就要抽考，好像我會馬上忘記一樣。

康納：因為我看你沒寫下來啊。

索娜：這點小事用腦袋記就好了，不用寫啊。

康納：好，那你直接告訴我你的任務是什麼。

索娜：不要，你這樣很侮辱人。反正我會把事情處理好。

　　索娜回到座位。其實她剛才說謊，康納一交代完她真的

就全忘了，但她又不想說實話，讓康納沾沾自喜，害自己氣急攻心。她坐在桌前，戴上耳機……反正總有一天會想起來的。

努力

　　這個章節我們要探討什麼是「努力」。你對工作投入多少會決定你的收穫有多少。那如果你不過度努力，只投入得剛剛好，會有什麼收穫呢？

　　我一開始替康納工作時，他還在紐約主持最後一季的《康納‧歐布萊恩深夜秀》。我的工作從2009年1月初開始，但他2月才會結束《深夜秀》的拍攝，直到那年3月他才搬到加州，所以我起初三個月的助理工作都採遠端進行。我記得當時我在NBC找到一間空的辦公室，在那裡仔細做著筆記，記下協助康納和他的一家人從紐約移居到加州的辦法。

　　收到錄取為康納員工通知的當天，我帶著一本自製的洛杉磯指南，還有一本筆記本，和康納在布倫特伍德（Brentwood）的一間皮爺咖啡（Peet's Coffee）見面。我把指南交給他，作為土生土長的洛杉磯人，我要把對這座城市的了解全部傳授給這位初來乍到的朋友。建立好的印象對我來講很重要，所以我花了整天鉅細靡遺地彙整洛杉磯的重要資訊，印出來後再拿去聯邦快遞金考（Kinko's）上膜和裝訂。

其實在16年前康納就在洛杉磯居住過，但我覺得這是個向他展現積極態度的好機會，所以才這麼大費周章。

還記得在咖啡廳開會時，我告訴他我想做能夠啟發我又能讓我感到驕傲的工作。他本人既客氣又親切，讓我深深臣服。會議結束後，我和我哥哥、嫂嫂在托盧卡湖（Toluca Lake）的一間餐廳吃飯，碰面時他們發現我居然在發抖。我本來就知道這份工作會改變我的一生，但萬萬沒料到康納是個這麼好的人。第一次會議後，我就決定要加倍努力為康納效力。

我錄取之後沒幾天，康納的太太麗莎寄了一封電子郵件給我，非常親切地向我介紹她自己並稍微介紹他們一家人，還附上了一張照片，裡頭是他們當時才五歲的女兒妮芙（Neve）和三歲的兒子貝克特（Beckett）。老實說，我和康納夫婦還比較不熟時，我不知道麗莎這麼和善，當時最怕的其實就是她。她會不會是個成天折騰我，或至少如同大眾想像般惡劣的花瓶嬌妻呢？如果我忘記向她報備康納的旅遊計畫有調整，她會不會對我破口大罵？她會叫我在上班時間去幫她領乾洗衣物嗎？但沒過多久我就發現，麗莎既聰明、善良又和善，甚至還成為我最重要的盟友。每當我覺得自己和康納不對盤時，我都會請教她有什麼解決辦法。我常說我最欣賞康納的一點就是他的太太麗莎。這些年過去，我對這點從未懷疑，反而更加確信。

為什麼我要講這些肉麻的故事？因為當初一拿到這份工作，我就想盡我所能做到最好，立志要讓康納這位大好人和他完美的太太快樂。助理和老闆關係很緊密，所以我成為他

們的日常。同時我也知道隨著時間過去，康納一家會在我生命中佔有一席之地。後來也真是如此。

想當年我自製洛杉磯指南，滿腔熱血帶去聯邦快遞金考上膜和裝訂，只求能成為有用的助理。但現在回想起這些早期歲月，我還真不知道當初我和康納專業的上下關係，怎麼變成現在這副德性。

可能是從我工作三個月後開始變質的。當時我和奶奶用亞美尼亞語講電話，康納居然問我是不是在和德古拉伯爵吵架。

也有可能是在我工作一年後，有次他和《滾石雜誌》（*Rolling Stone*）的人說：索娜是乘著籃子飄到美國的，當時她爸爸正被亞美尼亞島上的山羊圍剿。但其實我是在洛杉磯出生，我爸爸也不是牧羊人，還有亞美尼亞根本不靠海。

反正就是有某件事發生或慢慢發酵，讓我從自製指南的小女生變成偶爾會在午餐偷加食用大麻的助理。

我想都沒想過我會有第二個哥哥，這個哥哥甚至是康納。我們的互動方式改變了，連我的職業道德原則也變了。

如果要我為工作意願逐漸下降負大部分責任，我欣然接受。但老闆自己也不能完全脫身吧？沒有「世界上最爛的老闆」怎麼會有「世界上最爛的助理」？

以前妮芙和貝克特總是說，我的半邊腦袋被康納燒壞了。如果問他們那另外一邊呢？他們會說，那半邊在我遇到他們的爸爸之前就已經燒壞了。這是我有生以來聽過對我的最佳描述。

我對現在的自己感到驕傲嗎？是的，因為我只要草草

了事就能領到薪水。現在的成就是我過去期待的嗎？不是。但我要強調，我非常幸運能夠走到這裡，路途上的種種都是讓我愉快的驚喜。如果是做別份工作，我會比較認真嗎？鐵定會。所以我求求你們在康納退休後，馬上雇用我。不過在那之前，我還是會驕傲地擔任爛助理版的「拉什莫爾山」（Mount Rushmore）[1]四巨頭之一……是唯一。我知道爛助理大有人在，這點無庸置疑，但我不准他們和我搶「世界上最爛」這個頭銜。

《六人行》追劇挑戰

　　每個人心中都有一位英雄。

　　2009年，一位名叫約瑟・斯庫林（Joseph Schooling）的新加坡少年遇見了他的英雄——麥可・菲爾普斯（Michael Phelps）。七年後，斯庫林在2016年里約奧運一百公尺蝶式項目擊敗菲爾普斯。

　　大坂直美（Naomi Osaka）在紐約長島長大，視名將小威廉絲（Serena Williams）為偶像。而後20歲的她在美國網球公開賽擊敗了小威廉絲。

　　勞勃・狄尼洛（Robert De Niro）[2]曾對他的助理提告，其中一個指控是助理在上班時間，只花四天就看了55集的《六人行》（Friends）[3]。當初聽到這個新聞，我覺得自己的感受就和史庫林還有大坂直美首次見到他們的英雄完全一樣……55集？四天？在上班時間看？我從來沒有對人這麼肅然起敬。

但我內心也傳來一個小小的聲音：「55集而已？我可以看更多集。」還好我並不孤單，我們有一位編劇也認為，用一週來打破狄尼洛助理的紀錄，完全值得我一試。

《六人行》每集約22到23分鐘，所以看55集需要撥出人生的1,265分鐘或21小時多一點點，如果連續四天看，每天還得看五個半小時。更困難的是，我十點上班然後四點半收工，所以我只能利用中間這段時間趕進度。也就是說，每天工時六個半小時，我得從中挑五個半小時才能追平狄尼洛助理的紀錄。我伸了個懶腰，掰了掰手指，一頭栽入上班追劇大作戰。

整整四天的飆劇時光，有歡笑也有淚水。我開始要求朋友約我在咖啡廳見面，這樣我才能拉著他們一起搬沙發，然後自己學劇中人物大喊：「轉這邊！」（Pivot!）縱使他們心裡有一百個不願意也得配合。 我開始學劇中角色兩手握拳再輕輕相碰，取代我本來比中指的方式。我就是《六人行》活生生的體現。最後，到第四天為止，我總共看了58集，感覺自己好像拿了一個超屌的冠軍。

作為打破狄尼洛助理紀錄的獎勵，康納送我《六人行》全季58集的VHS錄影帶、一籃食用大麻，還有以劇中六位主角取名的六隻小狗。

說到這裡我好像應該倒帶一下，交代我開始明目張膽邊上班邊看電視的故事。

我剛開始到NBC實習時，就發現每位員工都有一台電視，不是放在桌上，就是放在辦公室裡。在電視圈工作，手邊有台電視應該很合理吧？用這台電視看自己參與製作的節

目，檢視每一集的剪輯，和全球觀眾同步觀看最新的集數。同時也藉此跟上時事。你的節目班底上了訪談節目《觀點》（*The View*）？用這台電視看一下吧。娛樂新聞媒體《秘辛》（*Extra*）要報導你改編自暢銷小說的節目？用這台電視掌握最新情況吧。

後來我發現，其實根本沒人在乎你用這台電視看什麼。不會有人知道每個節目的最新進度，也不會有人指指點點，說你看的節目和工作本身沒有關聯，因為他們也不清楚你的工作內容。於是我養成習慣，一直開著電視。我還是活動和營運專員時，我的座位在辦公室圍繞的共同空間裡，平常看的是一台壁掛電視。從那時起我才發現，我可以每天用那台電視看《傑瑞·史普林格秀》，音量還調得很大聲。同事一定覺得很吵，但我非常驚訝，居然沒有半個人反映過這件事。不過我記得當時有很多人整天關著辦公室的門，現在想想或許是因為我常常固定時間在那裡看電視吧。但無論如何，原本只是出於工作需求被動地看電視，最後變成電視就在那兒，不看白不看。所以我在節目上的角色設定，就是明目張膽無視職場禮節，誇張到眾所皆知，而且對工作時間看電視沒有半點心虛。

總之，打破《六人行》追劇紀錄後，隔天我就拖著傑夫·羅斯（Jeff Ross）的助理大衛·霍平（David Hopping）一起參觀華納兄弟（Warner Bros.）片場，走訪每個《六人行》的拍攝景點。

隔週我就把在片場拍的照片和影片用iMovie剪成一部電影，背景音樂用的是《六人行》的主題曲。我把它上傳到

如何在上班時間看電視

1. 先等老闆離開你的附近。

2. 確認老闆無法從辦公室看到你的螢幕。

 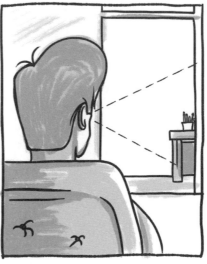

看電視（續）

3. 戴上一邊的耳機，不要兩邊都戴。這樣老闆有需要時，你還是能聽到他的聲音。

4. 如果真的值得戴，再把兩邊都戴上。（例：我看《冰與火之歌：權力遊戲》的紅色婚禮那集時，就是這麼做的。）

5. 開始看。記得把實際工作的檔案打開，放在你要看的東西的後面，如此一來你就能迅速最小化視窗，假裝你一直都在工作。

6. 確定你看的是適當的東西。你可不想對工作場所失敬⋯⋯還有如果你被抓包，那可會演變成人資問題。

7. 臉部反應愈小愈好，這樣才不會被別人發現你在看電視。

8. 要是有人質問你，就編一個和工作相關的好藉口。

Instagram，但沒五分鐘就因為侵犯版權被撤掉。片場的影像沒有問題，但我不能用《六人行》的主題曲。所以我又找上了大衛，希望他先拋下手邊的工作，一起來想怎樣才能躲掉版權問題，順利使用這首主題曲。後來我覺得最好的辦法是由我們兩個自己唱曲子的和聲（其實是「拍手聲」）。

我總共耗費多少時間呢？你們知道我從週一到週四看了大概23小時的影集，週五在華納兄弟片場《六人行》的拍攝點待了五小時，後來花了兩小時剪輯影片，一小時拯救Instagram上主題曲的侵權悲劇。總之最後我算一算，那一週我有31個鐘頭的工作時間完全浪費在《六人行》追劇挑戰上。如果把我上廁所、吃午餐、玩填字遊戲和社交這些休息時間算進去，其實我算是加班工作。我有固定薪資、加班費，在節目露臉還有錢拿，收入非常不錯，但我上班常在看電視而且也沒做什麼正經事。此外，我還偷了大衛好幾個小時，要他協助我搞定拍照和Instagram貼文。

我沒拿過奧運獎牌也沒得過大滿貫，但我確信我打破狄尼洛助理的追劇紀錄時，我的喜悅遠遠超過斯庫林和大坂直美打敗他們偶像時的喜悅。我和那位助理一樣，幸運地找到目標並能完美實現。我和她一樣，後世會記得我的名字。這就是我留給後代的遺緒。

巡迴期間的日記

我在「法律禁止在電視上搞笑」巡迴期間寫日記。我應該說得清楚一點：我在「法律禁止在電視上搞笑」巡迴的前

半期再往前推一點有寫日記。5月5日，我們在聖荷西（San Jose）巡演結束後，我的日記就中斷了。為什麼？要不是我吃到忘了繼續寫，就是喝酒喝到忘了。那本未完成的日記完美體現我對工作和我的人生的態度：起初興致勃勃，後半明顯後繼無力。反正我找到那本日記，想要和你分享其中幾日的片段：

2010年4月11日－奧勒岡州尤金市
最後我們來到一家叫做虹鱒（Steelhead，我記得是這個名字）的餐酒館，他們的啤酒是我喝過最好喝的啤酒。黛比·文德（Debbie Wunder）在一場辦在大廳的拍賣會上，標到了一台小果汁機。

2010年4月12日－尤金市與溫哥華
今天是巡迴的第一天，我們也在今天宣布透納廣播公司（Turner Broadcasting System，簡稱TBS）的企畫。[4]康納上禮拜和我說了這項企畫，我覺得他真的開始放心交辦我事情了，所以我不想把事情全都搞砸。

2010年4月13日－溫哥華
溫哥華很漂亮，雖然目前為止我看到的景色就是同一條街而已，但還是很漂亮。現在我滿醉的，居然還在寫日記。我的指甲是紅色的，因為我做了加拿大式的美甲，和美式的美甲一模一樣。

2010年4月15日－溫哥華
我和康納去了餐廳對面的一家帽子店，因為老闆說會免費送康納一頂帽子，但康納還是堅持要付錢，結果最後他花了120美元買了一頂詭異的帽子。後來我們搭計程車，他和司機說他是希臘來的漁夫，然後他很喜歡全民醫療照護制度，因為漁網捕不到東西時，這個制度就幫的上忙了。

2010年4月16日－斯波坎
節目結束後，康納想去看一台巨型的紅色兒童手推車，位置在表演場地旁的公園裡。好多粉絲都跟著，搞得我第一次在巡迴期間這麼緊張。我覺得有點累，所以很早就睡了，但其他人跑去飯店的酒吧小酌一下。因為我沒一起去喝酒，隔天大家都很擔心我。我好愛大家。

2010年4月17日－愛德蒙頓
昨天我在斯波坎過夜，今天和康納和傑夫一起吃早餐，後來拉著康納和我一起去搭空中纜車看瀑布。他還創了一個名叫「嗝蒂」（Gertie）的角色，自稱是我的姊姊，而且還長得很醜。

2010年4月19日－西雅圖
今天第一個行程是去派克市場（Public Market）[5]，後來去了太空針塔（Space Needle）[6]還上到頂樓。之後回去表演場地，節目來賓艾迪·維達（Eddie Vedder）[7]超級讚。我在後台和他閒聊，和他自我介紹時他說：「我記得你，之前我

們在康納的節目上有見過。」我當下興奮到爆炸。大家離開西雅圖時都很開心。

2010年4月22日－舊金山
今天早上我們出發去舊金山……到了飯店後我又出門去找鸚鵡造型的填充娃娃，用來當康納扮成海盜的道具。

2010年4月23日－舊金山
克里斯・伊薩克（Chris Isaak）[8]又來找康納玩了。我覺得我們的來賓真的很享受在節目裡玩耶。

2010年4月24日－洛杉磯
洛杉磯超猛的。我們到了表演場地，發現康納的更衣室正中央居然有一台紅色的大鋼琴，走進浴室後先入眼的是左側的羽絨被，再來是大理石打造的淋浴間，裡面還有兩個蓮蓬頭。棒呆了。

　　我看了一下才想起來，我寫的是「羽絨被」（duvet）但我要寫的其實是「坐浴桶」（bidet）。這段唸起來都讓我覺得丟臉。

2010年4月25日－洛杉磯
我整天都和奶奶膩在一起。上工前去日本料理店「極」（Kiwami）吃午餐。天啊，我真的好想念這些好吃的壽司。今天的演出很棒，觀眾也比昨天場次的還要好。收工後大家

一起去喝一杯，但康納沒來，因為今天他又要留在更衣室招呼一堆人。

2010年4月29日－聖地牙哥
休息三天後我們搭了半小時的飛機來到聖地牙哥。我本來還不知道可以搭飛機到聖地牙哥。這場節目的觀眾有夠優質。當晚我們沒有過夜，直接前往鳳凰城（Phoenix）。

2010年4月30日－鳳凰城
我和康納一起到亞利桑那州比特摩爾飯店（Arizona Biltmore Hotel），飯店建築是由法蘭克·洛伊·萊特（Frank Lloyd Wright）[9]設計。嗯～建築設計讓人超傻眼（好的意思），讓我目不轉睛。演出呢，就是一如往常的棒！晚上出發去拉斯維加斯（Las Vegas）。

2010年5月1日－拉斯維加斯
我們昨天到拉斯維加斯了，然後我的前男友剛好也在這兒。康納成功說服我不要打電話給他。讚。我知道他因為我想聯絡前男友，所以覺得不爽又對我有點失望，但我需要有人來勸我不要見他。克莉絲汀娜（Christina）、蔚羅（Vero）、安琪內（Angineh）都開車來陪我，然後我們和康納一起吃午飯，再去泳池邊放風。因為拉斯維加斯就是有一堆混帳大叔，全都醉醺醺的，所以今天的演出有點反常。在聖地牙哥和鳳凰城表演後，我們對好觀眾的標準提升，這些人是遠遠不及。下班後我們全都跑去康納的房間，搞得像是藥頭的房

間一樣。

2010年5月2日－拉斯維加斯
我去玩花旗骰（Craps），把今天的津貼全部輸光。女同事都已經先離開了。今天觀眾的素質大大提升。我們還請來賓拳王泰森（Mike Tyson）拉「沃克槓桿」（Walker lever）[10]，大家都樂瘋了。收工後所有人都去喝酒，然後我又跑去賭博，輸了好多錢。

2010年5月3日－拉斯維加斯
我們還待在拉斯維加斯，然後今天休假。我和康納去了一間咖啡廳，後來回自己的房間耍廢。晚上我和葛斯（Gus）、康納、安迪（Andy）還有史威尼（Sweeney）去帕拉佐飯店（the Palazzo）一家名叫「卡內薇諾」（Carnevino）的牛排館吃飯。那大概是我此生吃過最美味的一頓晚餐吧。

2010年5月4日－雷諾
雷諾的劇院很像晚餐劇院，四處都有獨立座席還配有桌子。超怪。劇演到一半時，我跑到外面去拍劇院的跑馬燈，結果上頭根本沒在宣傳我看的劇。我在外面吹著冷風，站了一會兒，回來時發現史威尼和麥特（Matt）都在玩花旗骰，然後傑夫在21點那桌。根本沒人在看劇。我的現金都用完了，所以只坐在傑夫那桌一下子。

2010年5月5日－聖荷西

我們昨晚都在聖荷西過夜，今天弄到一台廂型車，然後開去Google的總部Googleplex。我們到了之後，發現好多Google員工早就迫不及待地來看康納的問答秀。我中途跑去參觀廁所，他們的馬桶長得像有蓋的羽絨被坐浴桶，而且便座居然是熱的，讓我大開眼界。我直接坐上馬桶，那個天殺的便座居然是熱的，旁邊還有控制面板，可以操作三種不同模式：前洗淨、後洗淨、烘乾。我試用了一下，然後自然地叫出聲來，聲音傳到人在外面的安迪耳裡。後來他拿這件事到節目上講，害我被Google所有的員工取笑。

就到這邊。我的日記就斷在這裡，我剛開始還很認真地寫，然後突然就斷在聖荷西。我沒寫到有次自由時間，我獨自搭公車到聖荷西的溫徹斯特神秘屋（Winchester Mystery House）[11]，還參加神秘屋的導覽。我在觀察屋內一道沒有出口的怪門時，突然意識到集合時間快到了，要趕緊回去劇院。那天並沒有特別好玩，但如果有記在日記裡也不錯。

我沒寫到有次韓氏兄弟（Hanson）[12]在杜爾沙（Tulsa）的秀開演前，來康納的更衣室探班。當時我察覺到他們都……長大了，好好長大了。尤其是小弟柴克（Zac），當年走紅的時候他還只是個小朋友，現在變成小鮮肉一枚了。

我也沒寫到堪薩斯市（Kansas city）那場演出，我在後台和來賓傑森・蘇戴西斯（Jason Sudeikis）瞎聊，還陪他等待出場的提示，他則在一旁喝著自然光啤酒（Natty Light）。

我也沒寫到我們在明尼亞波利斯（Minneapolis）時住的飯店很酷，康納還在他的房間開派對，同事玩得很盡興。

我完全忘了記下大西洋城（Atlantic City）的演出有多慘，我們在賭場員工餐廳吃飯的情況，還有為何我從此之後不想再看到賭場的後場空間。

我也沒寫到巡迴來到紐約時，在傳奇的無線電城音樂廳（Radio City Music Hall）[13]演出有多讓人熱血沸騰。

還有我們在波士頓（Boston）時去了哈佛大學，參加康納第25屆大學同學會，他還報名了才藝表演，活動大概五小時。我也沒記到我們走訪哈佛「諷刺城堡」（Lampoon Castle）[14]，我還邀請三位《哈佛諷刺》雜誌的社員一起回飯店（沒有任何齷齪的意圖，只是覺得他們很有趣），最後我們一起叫了好幾百元的客房服務。

我也漏掉了波納羅音樂節（Bonnaroo）[15]的慘劇。那天爆熱加上空氣潮濕的要死，我看到一群參加音樂節的人，醉醺醺的又嗑藥嗑到神智不清，站在一個蘑菇形狀的大噴水亭下，結果隔天噴出來的水變成泥色，倒楣的年輕男女就這樣被噁心的大便水浸透。

我沒寫到在納許維爾（Nashville）的第三人唱片公司（Third Man Records）表演有多酷，還有當天早上我們載康納到傑克·懷特（Jack White）[16]的家，就像父母載小孩去朋友家玩一樣。

我沒提到觀光巴士行。我和我的朋友梅根在巴士上看了《人形蜈蚣》，網路還爛到透頂，一個半小時的電影我們花了四小時才看完，讓我有很多時間思索電影和我們產業之間微妙的共通點。

最後，我也沒寫到我們的最終站亞特蘭大，碰巧是我們

的新東家TBS總部的所在。公司高層和我們開了一場會還送我們iPad。

　　我看似對很多巡迴期間的事還記憶猶新，但其實不然。有些城市和走訪的日期我完全忘光了。要是我沒記下我去過西雅圖的太空針塔，我根本不會想起來我去過那兒。如果有人問我是不是去了太空針塔但沒記在日記裡，我大概會回答沒有這回事。

　　你可能會問，為什麼我的日記中斷了呢？為什麼我不再記錄擔任康納助理遇到的各種奇怪和美好的經驗呢？因為我很懶，與其花五分鐘記下未來可以和小孩和孫子分享的回憶，我選擇每晚上酒吧，喝盡四季酒店（Four Seasons）的各式水果酒。我當時想：「嘿，這可以變成我分享的好料。我可以成為那種推薦別人去奧斯汀四季酒店喝甜蜜萊姆精靈酒（Sugar Rum Fairy）的人！」自以為酒店的調酒品項會多年不換，而且會有人在乎這些分享。日記中斷的原因是我太忙著吃免費的食物。巡迴期間我胖了11多公斤，當時真的應該對變胖更有警覺性才對。一個人每天吃完整的五餐加上每晚喝酒，體重當然會上升。哎呀……我的體重也的確上升了。但就算知道這點又如何？照吃照喝，完全值得。

　　幸運的是，康納的老友羅德曼・佛蘭德（Rodman Flender）[17] 拍攝了這場巡迴，用於他的紀錄片《康納・歐布萊恩永不止步》（Conan O'Brien Can't Stop）。這好像有人跟拍我此生參加過最棒的夏令營，填補一些日記休止後的片段和幾杯甜蜜萊姆精靈酒抹去的記憶。

紀錄片《康納‧歐布萊恩永不止步》

　　你有沒有問過自己：「一位大咖的深夜秀主持人離開他工作16年的電視聯播網，開啟多點城市巡迴，他的助理在巡迴期間會吃什麼呢？」嗯哼，我來為你解答。

　　解答之前，我想先嚴正聲明，我不是愛上鏡頭的人。替康納工作後，我發現自己比過去預期的更常上鏡頭，當攝影機轉向我的老闆，我從不設想自己也會入鏡。這就能夠解釋為什麼我一直都做著平常會做的事，而紀錄片出來後，我所見的都是我被抓到正在吃東西的鏡頭。這部動態紀錄片記錄了電視史上驚奇的時刻，但影像紀錄卻顯示身為歷史其中一員的我，只會吃，而且還很會吃。這場大型巡迴期間，我要面對各種混亂狀況和持續奔波，但大部分時間我都在享受美國運通（American Express）贊助的免費食物和飲料。說句公道話：食物就是石油，助理需要填飽肚子才能闊步前進。

　　這張照片是我們第一次彩排的午餐時拍的。當時距離預

定出發日只剩一個星期，我們還在討論實際上演出要如何進行。我在照片左邊，雖然半邊臉沒被拍到，但當時我正在大口吃著外燴的三分熟嫩角尖沙朗牛排。

我必須參加很多場討論演出內容的會議。編劇麥克・史威尼（Mike Sweeney）和麥特・歐布萊恩（Matt O'Brien）會和康納說明當日的演出如何進行，努力讓節目盡可能地貼近所在的每一座城市。那是我第一次深刻體會到康納的敬業精神，沒有任何一座城市的演出重複，觀眾看到的每一個細節都由康納親自參與製作。而這是我在其中一場重要會議上用香蕉通話的照片。

我在前面提到，我們在拉斯維加斯、大西洋城和雷諾都有演出。我會一起丟出這些城市的名字，是因為我都有在當地玩花旗骰，然後輸光當日津貼。在拉斯維加斯時，我拿出全部共四百美元的零用金，六分鐘之內全部輸光。我有計時。我不是好賭成性，只是很喜歡假裝在花別人的錢，雖然零用金其實是我一部分的薪水。巡迴一開始，我堅持看每一

場演出，這樣才能和康納分享我最真實的心得。但我們到雷諾（巡迴33場的第11場）之前，就已經變成康納在台上表演，我在台下的賭場閒晃，尋找花旗骰的賭桌了。總之，這是我們在大西洋城波哥大酒店（Borgata Hotel）時拍的照片，我點了一份鮪魚塔塔（tuna tartare）[18]。我好愛鮪魚塔塔，當時我正咬下第一口。

　　我含情脈脈地看著它，想著：「這個鮪魚塔塔好好吃。」

這是我滿口食物，但還想繼續參與對話的樣子。

　　康納不會特別過生日。我則恰恰相反，十月一到就會大肆慶祝我的「誕辰月」。巡迴期間碰上康納的生日，大家替康納買了蛋糕還在飛機上送給他。他沒什麼反應，但我顯然很期待吃蛋糕。

　　康納第25屆的哈佛大學同學會和我們的演出恰好是同一天，所以我們很多人和他一起參加同學會。他在校園走

走，當年他就是在這兒研讀美國歷史和英國文學。我們參訪他的宿舍，他就是在那兒結交摯友的。我們還去了「諷刺城堡」，看到康納的編劇和表演夢萌發的地點。當時我和劍橋的一位警員正吃著披薩。

在波納羅音樂節時，康納到主舞台義務協助介紹納斯（Nas）[19] 和戴米恩・馬利（Damian Marley）[20] 出場。工作人員請他出席很多活動和義務幫忙許多事，但卻沒有交代完整資訊，結果任務的份量多得讓他驚訝不已。此外，他在波納

羅音樂節本身有兩場辦在帳篷裡的演出，那可是在田納西州……的六月中。當時已經來到巡迴的尾聲，康納已經瘦了很多，心理和身體都為工作消耗殆盡，所以在這麼艱難的時刻看見這麼多人期待見到他，湧現滿滿的愛與支持，對康納而言意義非凡，對我們這些員工也是如此。上頁這張照片拍攝時，我正聽著麥克·史威尼和康納討論波納羅演出的序幕。

　　然後我的三明治出現了。我對這個三明治印象很深刻，因為它很大。太大了。大到你會盯著三明治，思考該怎麼吃才好。要一次大口咬到上下層的吐司嗎？還是分兩小口吃呢？這是我採取的戰術。

　　這就是我的巡迴點滴。我很感謝攝影機捕捉到這些時光，我的家人才能看到我在老闆職涯的關鍵時刻完成的大業。

　　康納告別了協助奠定他的深夜秀地位的聯播網，心情難以平復，當時的我有同理他的感受嗎？大部分時候有，我會

滿口塞著食物，給予他心靈上的支持。

白宮記者晚宴

2013年，康納受邀主持白宮記者晚宴。我參加過很多很棒的活動，但白宮記者晚宴最讓我熱血沸騰。這是政治、媒體和娛樂界人物齊聚一堂、相互交流的活動，能有機會出席這場辦在雄偉宴廳的超級盛會，我感到樂不可支。

我身上常常少了份敬業精神，但康納和史威尼的工作態度卻讓人驚艷。他們兩位天生就很風趣，但除了與生俱來的幽默感，他們還對自創的喜劇表演富有責任感。這就是為何在最後關頭，他們還在修改康納的白宮記者晚宴致詞稿。不過這樣的敬業精神卻至少會對一個人造成困擾——在飯店漫無目的地徘徊，等著定稿產出的人。最後這個人還花了大把時間找商務中心，只為將講稿印成一張張字卡，供康納演講時使用。你可能想問這個白癡是誰呢？廢話，當然是我。

我們在飯店準備時碰上晚餐時間，所以狀況一團混亂。我第一次下樓到商務中心印字卡時，因為飯店員工還在布置賓客的宴廳，所以我還能不慌不忙。我記得字卡印出來後，我檢查了一下確保順序正確，還大略看了其中幾張，看到發笑。以下是康納的講稿中我最喜歡的幾則笑話：

但歐巴馬總統，您的幾則笑話也很不錯。看您在台上做我的工作，我倍感榮幸。所以為了公平起見，現在我也要來做您的工作。沒錯，各位女士先生，接下來15分鐘，我要和

國會陷入劍拔弩張、讓國家空轉的僵局。

恭喜公共事務衛星有線電視網（C-SPAN）獲得這場活動的轉播權。他們以些微差距，擊敗了HGTV居家樂活頻道2（HGTV 2）、QVC電視購物南美洲台（QVC South America），以及希爾頓飯店（the Hilton Hotel）的「如何退房」（How to Check Out）頻道。

但我看了看今晚和我們齊聚一堂的媒體朋友，我才發現這裡根本只是大型的高中學生餐廳。想像一下：福斯新聞網（Fox）是無腦的運動健將；微軟全國廣播公司（MSNBC）是書呆子；部落客是有暗黑穿衣風格的孤僻仔；全國公共廣播電台（NPR）那一桌是對花生過敏的小朋友；半島電視台（Al Jazeera）是沒有人想對話的奇怪交換學生；還有紙本媒體，我可沒忘記你們，你們是高二那年死於車禍的可憐同學。（但不要難過，我們的畢業紀念冊上有寫謹獻給你。）

共和黨有泰德‧納金特（Ted Nugent）[21] 和肉塊（Meatloaf）[22] 這些名人的支持，居然還無助選舉結果，真是令人難以置信。我猜他們大概高估現在還在開地毯鋪裝式廂型車的選民人數。[23]

共和黨全國委員會（Republican National Committee，簡稱RNC）的主席沖洗‧蒲博思（Reince Priebus）今日也有出席。你沒聽錯，他的名字就是沖洗‧蒲博思。今晚他

坐在他的兩位兄弟中間，「搓揉起泡‧蒲博思」（Lather Priebus）和「重複洗淨‧蒲博思」（Repeat Priebus）。[24]

今晚眾議院議長約翰‧貝納（John Boehner）毫不意外地沒有出席。歐巴馬總統和貝納議長還在努力尋求和平相處之道。歐巴馬總統和貝納議長的情況，就像安德森‧庫柏（Anderson Cooper）[25]和瑞秋‧梅道（Rachel Maddow）相親[26]。理論上，工作相同的兩人了解彼此，但我們內心深處都知道，他們是永遠不可能在一起的。

我印完講稿返回史威尼和康納的房間後，等他們重新修改內容，我會下樓回到商務中心列印稿子。這樣無數次的來回持續了數小時，我一反常態漸漸開始感覺到原本感受不到的急迫性。我沒時間檢查任何內容。字卡一印出來，我就直接收走，在電梯上樓時約略掃過內容，祈禱一切都沒問題。

然後特勤局（The Secret Service）的人終於注意到我了。因為美國總統當晚會現身飯店，阻止打扮邋遢、穿著拖鞋晃來晃去、手裡還抱著一大疊藍色字卡的年輕女子靠近主要宴廳，完全就是特勤局的工作。非常不幸地，主要宴廳恰巧和商務中心近在咫尺。

我數不清是第幾次下樓印講稿時，一位友善但嚴肅的特勤人員把我攔了下來，問了一連串問題。

「你是這裡的房客嗎？」

「不是，但因為我的老闆是康納‧歐布萊恩，他要在今晚的活動致詞，所以我們訂了幾間房。」

他滿臉狐疑地上下打量我。「有沒有身分證件？」

「沒有，但我保證康納真的是我的老闆。這是他今晚的演講稿。」我邊說邊奉上一疊上頭寫著笑話的藍色字卡。

他又問了幾個問題才讓我進去商務中心，但在那之前他對我說：「下次你再來這裡，必須穿著洋裝或出席今晚活動要穿的衣服。」

「沒問題。真的很謝謝您，我保證不會讓您失望。」說完我咯咯笑了幾聲又面帶微笑，反正調情又不會害人少一塊肉。

我在往商務中心的路上發覺，當時正是晚餐的雞尾酒時間，也就是說好萊塢和華府的大咖名人正在商務中心不遠處悠閒漫步。我看起來超級突兀。所有人都穿著絢麗的禮服和燕尾服，我卻穿著牛仔褲、T恤、拖鞋，看來就是個廢渣。我到商務中心後，印了這麼多輪的印表機卻突然壞了。光是把唸給政界和媒體界的一些大老聽的演講稿印出來，就已經夠讓人有壓力了，何況現在又得先修好印表機，才能將講稿印在五乘七英寸的藍色字卡上。

我開始冒汗。

史威尼打電話問我為什麼拖這麼久。康納和其他人差不多要動身去晚宴前小聚並問候歐巴馬總統，但我一直耗著大家的時間。

我開始爆汗。

那時有幾位飯店員工來幫我修印表機，但它一直卡紙，所以我開始默默地在心裡更新我的工作履歷。

我們等到天荒地老才成功修好機器。印好後我跑回樓上的房間，得知他們又修改了講稿。他們告訴我這是最後一次

修改了。

　　我記得特勤人員所說的，所以我穿上自己的洋裝，但我不可能穿著高跟鞋來回奔走，所以還是繼續穿著拖鞋。下樓時，我對那位特勤人員點頭示意，還指了一下身上的洋裝。他忘記我了，但還是讓我通關。

　　這是最後一次來印講稿。當時我已經和商務中心的飯店員工變成摯友，我們的友情始於我的苦難，我還考慮提議去刺友情刺青，刺上「2013年白宮記者晚宴倖存者」（I survived the WHCD 2013），還有印表機的圖案在旁。

　　終於來到我最後一次離開商務中心時，我向坐在桌前的飯店員工比了讚，並說：「這應該是我今晚最後一次來這裡囉！」

　　他的視線幾乎沒離開電腦，淡淡地說：「祝您有個愉快的夜晚。」

　　我尷尬地站在原地，希望他能再說點什麼，結果什麼都沒有。幸好我們沒有去刺友情刺青。

　　我回到樓上，把所有的講稿交給康納，他和史威尼看起來滿懷感激，然後所有的人就離開了房間。剩下我站在原地，只有我。

　　我的工作就是這樣。整晚我為了雞毛蒜皮的事故壓力爆表，因為我知道事態的嚴重性，我知道事故會帶來惡果，甚至嚴重到搞砸康納在白宮記者晚宴的演講。但沒有人想過這些事，大家只是看我離開飯店房間，然後帶著他們需要的所有藍色字卡回來，就算他們注意到我在冒汗或穿著拖鞋，也不會說什麼。

康納成功上台演講並獲得好評，而觀眾拍手時，我很想站起來說：「講稿是我印的！」連現在我在打這段回憶都能感覺到，這份工作在別人眼中一定是平淡無奇，當然，在場的助理除外，他們想必都能對我肩上的壓力感同身受。但現在我只記得這些小小的插曲，反倒不記得當時看到誰、聊了什麼，而即使食物對我而言很重要，我連吃了什麼都忘了。

那場晚宴讓我回想起還在NBC工作時的經驗。當時我們在巴沙迪納的朗廷飯店（Langham）舉辦一場媒體活動，我接到通知說約翰·史坦摩斯（John Stamos）[27]需要一間飯店房間，供他在受訪前小憩。我的老闆告訴我沒有空房了，並要我把自己房間的鑰匙交給史坦摩斯的公關人員。當天我的房間還沒整理，所以我衝回房間為史坦摩斯準備就緒。我有一位朋友正好在借用我的房間為媒體活動做準備，我衝進裡面大吼：「我們要趕快把這些該死的東西收一收！史坦摩斯要來了！」

我們又驚又慌，以快到嚇人的速度清理房間，畢竟史坦摩斯和他的午覺之間唯一的障礙物，就是我們兩個。我們又是刷洗又是收拾，祈禱他不會發現床已經有人睡過了。一整理完我就飛奔下樓到一間酒吧，稍早有人告知史坦摩斯的公關就在這裡等候。她在吧檯喝酒，我進去後直直走向她，驕傲地獻出房間鑰匙，說：「這給您。」

她說：「這要做什麼？」

「我收到消息說約翰·史坦摩斯訪問前需要一間房間來休息，這是房間的鑰匙。」

「喔，謝謝你。他不需要了。」她邊說邊啜了口酒。

去你的約翰‧史坦摩斯。

這再度驗證沒有人會理解事件背後的壓力和驚慌失措。他們想要房間鑰匙，然後就拿到了，所以除此之外他們什麼都不知道。

隨著時間過去，這些情況帶給我的壓力和恐慌逐漸散去。在我發現就算我鬆懈下來，該辦的事情還是能完成的那一剎那，它們就消失了。

經歷這回大改變後，我反而變得太鬆懈，還惹得康納生氣。他認為我的態度代表我不夠在乎工作，還有安逸度日表示我對該繃緊神經的特定狀況缺乏認知。他是對的，我矯枉過正了。現在要我緊張可需要花很大的功夫。約翰‧史坦摩斯想要一間房？好喔，房間整理好後再交給他。康納‧歐布萊恩要列印他在白宮記者晚宴的講稿？沒問題，我會先穿上洋裝、帶著入場券以方便過特勤人員那一關，等可以列印時我再來印。

這是嶄新的一天，我坐在史坦摩斯的公關身旁喝了幾杯酒，然後等我準備好了，才會去完成該做的事。如果現在你想著：「天啊，索娜，這樣的工作態度聽起來很糟……」你說對了。不會有別的工作要我，但……至少我不會就此憂心忡忡。

湊字數

我和我的朋友莉賽兒（Liesel）一起爬山時，她建議我來寫這本書。「好啊！搞不好賺來的錢可以用來整修我的廚

房。」但當時我沒料到寫書的工作會這麼繁重。不知道當初為什麼我會覺得出書很容易，實際上根本不是如此。還有就是我必須寫到一個固定的字數，但因為我大拖延，導致現在正在死命地趕工。我寫了出書計畫之後，全球疫情爆發，我買房子、搞大肚子，然後生下兩個圓滾滾的可愛寶寶。這個章節的功能是湊字數，我都在亂講話，隨便打字只為增加字數而已。我真的很不擅長完成該辦的任務，明明書要談的是職涯歷程，其中一章卻完全是湊字數用的。

我一直都有拖延症。幫你們複習一下，拖延的定義是「耽擱或推遲做某事的行為」。你可能想問，我不寫書時都在幹嘛？我靠著Netflix度過外語學習發展期。我先看了西班牙影集《紙房子》（Money Heist），再來是法國影集《找我經紀人》（Call My Agent!），最後以義大利影集《天空上三公尺》（Summertime）收尾。每看完一部，我就覺得自己好像能流利說出劇中的語言。「流利」的定義是「可以輕鬆並清楚表達意思」。

我還看了《英國烘焙大賽》（The Great British Baking Show）和《德里女孩》（Derry Girls）。這兩齣劇使用的語言都是英文，但我看完會有衝動，想用劇中的口音講話。

看這些劇讓我回想起去日本度蜜月的時光。我和我老公去東京新宿的黃金街喝酒，隨意找了間酒吧。我們整晚和一位加泰隆尼亞人、一位英國人、兩位澳洲人和另一位美國人一起暢飲。調酒師有一隻玩具鱷魚，大家輪流按下鱷魚的牙齒，誰按到讓鱷魚合嘴的那一顆就輸了。我們開了賭局，不過規則是誰按到讓鱷魚閉上嘴的那顆就是該回合的贏家。我

輸了200美元。

我們在日本時，康納也在日本拍攝《康納無國界》特輯（*Conan Without Borders*）。拍完墨西哥特輯之後我就沒有和康納一起出外景了。我很早就發現我的存在可有可無。其實我也不能接受無法照著我想要的方式盡情探索出訪的國家；實際上我們只會去定點拍攝數個小時。那不是假期，是工作，就算是很好玩的工作，它還是工作。我們在古巴拍攝期間，我消失了一個鐘頭還買了一幅畫，後來花了老半天才回頭找到同事。那時我才意會到，在國外，我不能沒想好和同事碰頭的具體計畫就四處遊走。總之，康納、傑夫‧羅斯和我討論的結果是，或許我不再和大家一起去拍攝《康納無國界》會比較好。我對出外景的一行人半點貢獻都沒有，後來也沒有人發現我缺席了。

大學時期我老是在拖延（就和你們大部分的人一樣，既然你會買這本《世界上最爛的助理》，就應該會有共鳴）。在南加大時，我曾為了一門叫做「意識型態與宣傳」的課，整晚熬夜寫出一份長12頁、引用豐富的報告。最後我拿了A。因為拖延沒有對我招來惡果，所以我不會改過自新。而且我極度缺乏動力，如果能邊吃食用大麻邊看第30遍的《爛兄爛弟》（*Step Brothers*），我根本不會想先完成該辦的工作。《爛兄爛弟》是2008年上映，由威爾‧法洛（Will Ferrell）和約翰‧C‧萊利（John C. Reilly）主演的電影。故事講述兩名不上進、還住在老家的待業成年男子，因為各自的父母結為連理而成為繼兄弟的故事。他們是兩個製造歡樂的蠢蛋，我覺得某種程度上我從他們身上看到自己。我也會

為了挑釁對方，用我的蛋蛋磨蹭對方的爵士鼓（如果我有蛋蛋的話，但當然我……沒有）。

對了，我在疫情期間學會編織。我熱中到開始沒日沒夜地看《同妻俱樂部》（*Grace and Frankie*），這樣邊織邊看比較有樂趣。編織大大地吸走我的注意力，我還和我的朋友艾莉卡（Erica）說要織一條圍巾送她，結果織到毛線用完我就停工了。我把那條圍巾織得太寬，所以現在我有一條又短又寬的圍巾，長得像又短又肥的雞雞。我把它放在抽屜裡，沒有再繼續織下去，手上又多了一項未完成的計畫。《同妻俱樂部》是Netflix上的影集，講的是兩名婦人在退休的黃金歲月，發現老公出軌，對象還是各自的老公。演員有珍・芳達（Jane Fonda）、莉莉・湯琳（Lily Tomlin）、馬丁・辛（Martin Sheen）和山姆・華特斯頓（Sam Waterston）。我有一位鄰居是這齣劇的工作人員。

讓我想想……還有什麼好說的？我的工作有很多福利。我可以拿康納不想收的禮物，而且有時候禮物真的超級棒。每次我和康納一起出公差，我會找附近最貴的餐廳，會後再一起去吃。我住過一些非常高檔的飯店，但卻讓我大受打擊，因為我的現實生活和工作期間的旅宿選擇實在天差地遠。我記得有次我因為工作入住一間四季酒店，隔一個禮拜我去私人旅遊，住處是我在Airbnb上找的，是別人家後院的一個圓頂帳篷。我和我老公報到時，還聽到有人在屋主的屋子裡做愛。我們抬頭看房間的窗戶，發現窗的另一邊有兩個全裸的人俯瞰著我們。撇開這點，圓頂帳篷很可愛，但它不是四季酒店。

不知道我可不可以改變書的排版。如果我寫作時用比較大的字型和比較寬的邊界，不知道這本書的定版會不會長這樣。因為我不會加寬單頁的邊界，所以我現在只有加大字型而已。

回頭來講我的助理人生和日常生活。以前我搭飛機從來沒搭過經濟艙以上的層級，而巡迴演出開跑後，我都搭私人飛機前往巡迴各站。最後一站是亞特蘭大，美國運通贊助我們的飛機結束後載康納回家和家人團聚，剩下的人則要搭商務飛機回洛杉磯。他們讓我搭頭等艙回去，作為禮物。一踏進頭等艙，座位間的距離近到讓我瞠目結舌。搭了兩個月的私人飛機後，我的標準就回不去了。我知道自己很難搞，但事實上，我的層級只有經濟艙，也只負擔得起經濟艙。我不是碧昂絲（Beyoncé），沒有經濟能力負擔私人飛機，所以我遲早得調整心態，回到原本的生活。這就像讓一隻從小到大都待在雞

舍的母雞搭兩個月的私人飛機，之後再把牠關回雞舍一樣。這個湊字數的章節之所以存在，一部分的原因是我想湊到接近合約裡我同意的字數。如此一來，我還能賺到搭私人飛機的錢。開玩笑的，那是不可能的事。

　　我扯不下去了。這個章節居然意外成為我寫得極開心的部分之一。聽說史蒂芬·金（Stephen King）寫小說的過程，是先動筆再任由故事引領下去，這個章節顯然就是受到這樣的概念啟發而生。我可能和史蒂芬·金有幾分相似。我很確定他付擔得起私人飛機。

第二章

　　索娜早上看完三集的《我們的辦公室》（The Office）後，決定去廚房找零食吃。剛走進廚房，她就不自覺地想起好像忘記做什麼事情。之前康納交代她去做什麼呢？她一定會想起來的，只是目前還沒想到而已。

　　她走進廚房，實習生正在裡頭討論一款她沒有聽過的程式。實習生都坐在廚房，索納走進去的當下，總會感到一絲的尷尬，因為她知道自己和年輕人愈來愈脫節了。她也不知為何，但某天起床，她就突然搞不懂他們討論的事物或怎麼加入他們的對話了。但她還是想去廚房拿貝果吃。有時會有花生口味M&M巧克力，偶爾會有Cheez-Its起司餅乾，如果走運的話，當週會有很多白巧達起司爆米花，所以還是值得她冒險一試。

　　她走了進去。

索娜：（努力無縫插入實習生的對話，但實際上卻像極了過時老人）在講肯伊（Kanye）[1]嗎？他瘋了。

某位實習生：嗯，對。

　　沒了，她只有這些話好說。現在她尷尬地站著，六位實習生都盯著她切貝果，又看著她把貝果放進吐司機。天啊，現在她只能乾等貝果烤好了，真是糟糕透頂。

某位實習生：今天還好嗎？
索娜：很好啊！之前康納走進來告訴我要做一件聽起來很重要的事，但我完全忘了是什麼事。

　　實習生是來學習的，可是他們什麼也沒學到。
　　索納的目光又回到吐司機上。這是全世界最耗時的吐司機嗎？她不敢置信已經烤了這麼久，這過程實在太煎熬難耐。六位年輕又積極的大學實習生看著索娜看著吐司機烤著她的貝果，廚房陷入沉默。終於，有一道清亮的聲音……

某位實習生：你會怕他生氣嗎？
索娜：不太會耶。我知道我一定會想起來他交代了什麼。

　　吐司機發出全世界最優美動人的聲響，它叫了。她從冰箱裡拿出奶油乳酪，六位實習生看著她把奶油乳酪抹在貝果上。會抹太多嗎？貝果是不是太燙，所以奶油乳酪在融化？她看起來像是個笨蛋嗎？

索娜：你們知道麥可・B・喬丹（Michael B. Jordan）[2] 現在

在這裡拍攝嗎？

某位實習生：知道！

索娜：前幾天他在停車場開車，突然叫住一位我正在走路的朋友，然後他一誇獎完她很漂亮就開走了。

實習生全都驚訝地倒抽一口氣。索娜成功了，她成功讓實習生刮目相看。這時恰好她的貝果也塗好奶油乳酪，該是離開廚房的時候了。她打算來去看看她的朋友艾莉卡。每天她都會去艾莉卡那兒。

索娜：大家掰掰！

索娜走出廚房，朝艾莉卡的座位走去。

索娜：嗨，艾莉卡！

艾莉卡低著頭，心想如果她裝忙，索娜就不會在她的座位待太久。

艾莉卡：嘿！

艾莉卡看向她的電腦，一副忙碌的樣子。索娜彎腰更靠向她的座位隔板。

索娜：在忙嗎？

艾莉卡：對。

索娜：你需要抱抱嗎？

艾莉卡：呃，好吧。但你知道規則是不能抱超過三秒。

　　艾莉卡癱軟無力地坐著，索娜一擁而上。索娜每次都抱得太緊，還會閉上眼睛。艾莉卡是認真工作的類型。索娜是典型的外向人格，艾莉卡則是內向人格。雖然兩人截然不同，但自從她們一起工作後，索娜每天造訪艾莉卡的座位還是瓦解了她的心房，現在她永遠無法擺脫索娜了。

艾莉卡：一……二……三……好，夠了。

　　索娜鬆手，為這點小小勝利欣喜不已。

索娜：好的，我要回座位了。待會英國伊莉莎白女王和菲力普親王可能會致電給你喔。

艾莉卡：拜託不要。

　　索娜拿著貝果回到座位，坐下後突然打給艾莉卡。艾莉卡看到她在打電話，心不甘情不願地接起電話。

艾莉卡：幹嘛？

索娜：〔操著很爛的英國腔，聽起來像是道菲爾太太（Mrs. Doubtfire）[3]沾了滿臉鮮奶油，從冰箱門後突然冒出，大喊：「您——好！」時的口音〕艾莉卡，我是英國女王，現

在人在英國倫敦。

艾莉卡：爛透了。

索娜：（語調拉高，假英國腔顯得更難聽）我只是想，歡迎你以後來英國時到白金漢宮享用下午茶和英式烤餅（crumpets）。一定會很有趣的！

艾莉卡：請問我可以掛電話了嗎？

索娜：（爛到極致的模仿）等等，菲力普親王想和你說幾句。〔索娜轉換成另一種劣質英國腔，聽起來融合了《週六夜現場》（*Saturday Night Live*）中達瑞爾·哈蒙德（Darrell Hammond）[4]模仿的史恩·康納萊（Sean Connery）[5]、《王冠》（*The Crown*）裡約翰·李斯高（John Lithgow）[6]飾演的邱吉爾（Winston Churchill），再摻一點點尼爾·戴門（Neil Diamond）[7]唱〈美國〉（America）時的腔調。〕艾莉卡！我是菲利普親王。我剛剛出門去獵野雞。

艾莉卡：哇。嗯。

索娜：（用菲利普親王未用過的口吻）總之正如我太太說的，你改天應該來英國找我們玩。

艾莉卡：「玩」？那是在浪費我們彼此的時間。

索娜：（不連戲、糟糕又難聽的英國腔）艾莉卡，很開心能和你說說話。呃，再見！

索娜掛了電話，咯咯笑了起來。她看看電子信箱，裡頭有68封未讀郵件。該開始工作了，否則康納會發現她忘了他交代的事。她複誦自己的咒語：「反正總有一天會想起來的。」

專業素養

　　我和新聞、政治、娛樂界以及很多其他圈子的人交手過。想要受人尊重，專業素養就是關鍵。用電子郵件或電話和陌生人聯絡時，我的語氣會不同，好像變了一個人。有時我會想，如果康納是唯一知道我有多不敬業的人，如同他對著萬丈深淵大吼我多不敬業，但旁人卻都想著：「我認識的她不是這樣。我覺得她還滿優秀的。」那個畫面一定很搞笑。

　　所以專業素養是什麼？我的心得是要覺察和你交手的人，還要劃清你本人和工作上的你之間的界限。有人可以週六大玩倒立灌酒，到了星期一上班日，寫郵件時用著「我們會再行討論」還有「待該情況發生再另行處理」之類的字句。我就是這種人。工作時，即使是小到不行的笑點都能讓我笑到內傷，但我也和好多人說過：「我們來討論實質的問題」，數量多到我不想承認。

　　不過，我當上康納的助理不久後，我們的專業素養就開始腐化了。我沒有眼睜睜看著康納大開我的玩笑卻毫無反

應，反而開始加入他的行列。這是我犯下的第一個錯誤。後來我不知不覺開始在鏡頭前叫他「爛人」，他也稱我是「亞美尼亞瘋子」。

　　而且我不只是與康納相處時缺乏專業素養。某天我的朋友狄克森（Dixon）正邊工作邊吃著爆米花。我看見他的手握了一把爆米花便向他走去，將他手中的爆米花打落到地上，然後開始一番嘲笑。我對他做的就是康納每天對我做的事，延續這個心理變態的循環。好啦，結果當天稍晚，狄克森看見我在停車場走著，心想那是向我報仇的大好時機。他把頭探出窗外，大吼：「抓到你了，臭婊子！」但那不是我。那位小姐的背影看起來很像我，但他吼了那些東西，車子一經過後，才發現對方不是我。有時我會想到那位小姐一定受了不小的驚嚇，只是在停車場走著、做自己的事，突然就殺出一位開著Mini Cooper的人，對她大吼一串髒字。希望她一切安好。

　　其實我從小到大都緊緊遵守工作倫理。父母對我哥哥和我灌輸工作的重要性，這一切追根究柢，就是在移民社群中常見、亟欲出人頭地的心態。我們倆年紀輕輕就開始工作，準時又有禮貌。當然，我被好萊塢露天劇場開除的經驗是個例外。

　　年紀愈大，我愈不會對職業守則百依百順。我開始在意工作能帶給我什麼，而不是我能帶給工作什麼。好啊，就算這份工作的薪水不錯，但我真的「想要」星期一上班嗎？我的心理健康躍居上位，而做自己的自由變成新的首要之務。我也不是那種在工作上很專業的人。我喜歡工作，但也需要

樂趣，所以我很清楚這代表我天生不適合做某些職業，例如：監理站（DMV）員工、最高法院大法官、商用飛機飛行員、神經外科醫師、保母。但我覺得大多數的工作都完全可以從中找到平衡。

現在我爸媽眼看女兒長大，明目張膽地寫了一本叫作《世界上最爛的助理》的書，講述擔任電視節目助理的經驗。他們看我在公開場合對康納口不擇言，都被嚇壞了。但這樣的環境是存在的，而我欣然選擇這樣的環境。這就是新的美國夢。

跟蹤

節目的來賓偶爾是我真心期待出現的。這個意思不是說有的來賓讓我提不起勁，只是其中有些人特別讓我期待。這些人恰好都是男性，而且還剛好很有魅力。

每次我都會做同一件事：錄影當天穿得特別可愛，花更多時間搞定妝髮。自以為來賓會看見我還把我放在心上。節目開始前我都會待在來賓休息室，但其實平常我都在自己的座位看播出。不過即使下了這麼多苦心，他們一進來我卻會躲起來，假裝我很靦腆。我不想顯得很飢渴，不然他們就不會愛上我了，所以我得欲擒故縱。你說這套有用嗎？根本他媽的沒用。這種笨蛋伎倆怎麼會成功？我來為你解釋一下：

我呢，一直都很喜歡史萊許（Slash）[8]。看到他在〈11月的雨〉（November Rain）的音樂錄影帶中，身穿皮褲、皮夾克但沒穿襯衫，走出小教堂開始激情四射地演奏吉他，從那

時起，他就成為我小時候的男神。我嫁給會彈吉他的人一部分要歸因於他。因為史萊許和吉米・維維諾（Jimmy Vivino）[9]熟識，所以他常常會來探班，久久一次還會在節目上露臉。他一走進休息室，我就會馬上躲到一個大盆栽後面。我希望能待在一個對他而言有點隱蔽，他只能隱約看見我，但對我毫無障礙，因此我能清楚看見他的位置。他接到通知要上台前，不管他在做什麼我都會邊看他邊流口水，呼吸聲還會變得沉重。他離開後，我會從植物後方彈出，假裝毫無異狀。每次碰上我暗戀的帥氣男性來賓，我都會站在休息室的盆栽後面觀察他們。

　　快速插播一下：有一次康納去聖地牙哥國際漫畫博覽會（Comic-Con）主持華納兄弟的圓桌論壇。電影《正義聯盟》（*Justice League*）和《亞瑟：王者之劍》（*King Arthur: Legend of the Sword*）都在那年上映。我和康納一起來到聖地牙哥會展中心（San Diego Convention Center），後來康納開始在H廳主持工作時，我待在等候區。活動中途，我要去拿我們忘在車上的東西，於是我搭乘電梯下樓去拿。回程上樓時，我在電梯裡，而就在電梯門快關上之際，一隻又大又漂亮的手伸了進來要阻止門關上。走進來的是亨利・卡維爾（Henry Cavill）[10]，後頭是查理・漢納（Charlie Hunnam）[11]。電梯裡就只有我們三人。我開始冒汗。短短一趟電梯卻好像過了一小時。他們倆當時在聊天，如果現在你拿槍抵著我的頭，我也無法告訴你他們之間的隻字片語，因為當時我太陶醉於他們的帥氣臉蛋了。這就好像國中時，我暗戀的男生問我可不可以借他一支鉛筆，我唯一的記憶就是我低頭看

向他的手，然後吐出一聲可悲的「好」。我記得我叫他跟著我到放著我所有東西的教室，拿出上頭印有三麗鷗娃娃貝克鴨（Pekkle）的鉛筆盒，從中拿出我最心愛的鉛筆給他，心想他一定會感激不已。但現在回頭想想，他媽的他要怎麼知道那是我最愛的鉛筆？我的大好機會就這樣被我的超級孬種行徑搞砸了，而當時電梯裡的我正在重蹈覆轍。如果我自信地對他們說出「我很喜歡你們的電影」來破冰，或許可以翻轉一切，但我什麼都沒做，只是站在那兒，邊盯著他們邊冒汗。然後他們就走了。我從來都沒有那麼想要在電梯裡放盆栽過。

話說回來，我提到我的休息室伎倆，是因為2020年初康納主持CORE 慈善晚宴（CORE Gala）[12]時，這個伎倆派上用場了。李奧納多·狄卡皮歐（Leonardo DiCarpio）是出席的賓客之一。原本我不知道他會參加，直到我下樓去找廁所，看見他抬頭看我以確認我是不是重要人物時才發現的。（當然他一發現我不是，就繼續專心和人聊天了。）因為康納正在主持，所以照理來說我得在後台待命，以便康納找麥克·史威尼或需要飲料、點心或其他東西。但我大半個晚上都在跟蹤李奧納多·狄卡皮歐。

李奧離場去外頭和朋友聊聊近況時，是誰站在盆栽後面？對，是在下我。

他去吧檯點清涼飲品時，誰也在附近點酒？沒錯，又是我。

他和茱莉亞·羅勃茲（Julia Roberts）聊天時，誰坐在不屬於自己的鄰桌位置，鬼鬼祟祟死盯著呢？答對了！是我。

那一整晚我就是這麼度過的，彷彿我們兩人共舞但只有其中一人知曉。我完全沒有打算和他有任何形式的談話或互動，只想看著他而已。現在我把這段歷程打出來，才發現整件事有多詭異。我不該在娛樂圈工作的，更不該做常常會見到、協助和以各種形式和超級名人互動的工作。但比起對他人，實際上我對自己更是一種危害。

我跟蹤了好久才意識到該收手了。跟蹤中途，我不自覺開始反思整晚的舉動。我只是為了「看」一位電影明星，就忙著尾隨他而忽略自己的工作職責。我可不是那種會尾隨披頭四（The Beatles）的青少年，我是背著貸款的成年女子，而那場活動是我的工作。

所以當晚活動進行到一半，我就改變策略了。我在自己的那一桌，選坐在桌上裝飾品能遮住我的位置，直接從座位上看著他，和正常人沒有兩樣。我不記得康納那一晚的表現如何，但我很確定我有告訴他，他的表現很棒。

高爾夫球車

環球影業（Universal）和華納兄弟片場的員工都會開高爾夫球車，以便在巨大的園區內移動。高爾夫球車好開又好玩，輕輕鬆鬆就能在大型電影片場從A點移動到B點。它們也是好萊塢非常具代表性的工具，在以電影為主題的電影中，你可以看到幕後人員和明星搭乘高爾夫球車行動。我一聽說會有一台自己的高爾夫球車可用時，內心雀躍不已，但沒多久就發現這種車可不簡單。

以下是三則有關高爾夫球車的獨立故事。其中一則和我完全無關，但和其他兩則一樣，都是專業素養的好範例，或是缺乏專業素養的好範例。

高爾夫球車愛情故事

2009年，康納在環球影業的片場拍攝《今夜秀》，我們有兩位實習生開高爾夫球車去跑腿，結果回來時其中一位掛彩。開車的實習生（就叫他傑克）暗戀搭車的實習生（就叫她蘿絲，沒錯，取自電影《鐵達尼號》。因為那次高爾夫球車行後，他們戀愛的可能性就像鐵達尼號沉進大海了）。傑克為了盡快回到辦公室還有讓蘿絲對自己刮目相看，大大利用環球影業片場的山坡地形，假裝他是在公路上開著一輛雪佛蘭克爾維特（Chevy Corvette）[13]。雖然高爾夫球車的速度快也快不了多少，但開到下坡時，車速還是會上升。如果沒有車門和車窗，加速就不見得是件好玩的事了。起初蘿絲還玩得很開心，享受以每小時32公里，在環球的外景片場呼嘯而過的快感。但沒有多久，山坡愈來愈斜，傑克明顯對車子漸漸失去控制。這時他們意識到危險，臉上的歡樂轉為恐懼，更糟的是，迎面而來的是一個彎道。雖然傑克做好心理準備，但左轉時速度還是過快，高爾夫球車差一點就翻了過去。轉彎後，傑克鬆了一口氣，但回頭想確認蘿絲的反應時，卻不見她的人影。

她飛出了高爾夫球車。

不是那種輕輕地蜷曲身子落地，或不會導致損傷的翻滾。她像一隻布娃娃被摔出高爾夫球車，整個人就像是用稻

草做的一樣。她的傷勢明顯。傑克看著她躺在地上流著血還因為痛而哀嚎，他知道沒望約她出去了。

　　更慘的是，正在附近搭乘導覽電車的人目睹了事故，停下電車跑來關心她有沒有事。整台電車的遊客在位子上嚇到張大嘴巴，還拿出相機拍攝。不論他們從哪裡大老遠來到洛杉磯，能參加片場實景的導覽，還目睹大學生轉彎過猛，其中一人因此飛出一台行進中、側邊印有《康納‧歐布萊恩今夜秀》超級大字的高爾夫球車，他們一定覺得很好玩，或許還以為這是特技表演。

　　電車導覽的導覽員叫了片場的保全，後來保全開來多輛高爾夫球車，片場的消防人員也到場，搭的也是高爾夫球車。他們照護蘿絲的傷勢，同時詢問傑克一堆有關事發經過的問題。因為那輛高爾夫球車歸《今夜秀》所有，所以我們的辦公室專員接到通知，不久後節目的所有人員也都聽說了這則事故。我們一知道蘿絲平安無事後就開始瞄準傑克。從來沒有人聽過，有人因為害暗戀對象飛出行進中的高爾夫球車，而斷送自己的戀愛機會。自此之後的實習時光，他因為這件事被我們消遣個沒完。

康納的小孩受困於潟湖

　　不是只有實習生濫用高爾夫球車，我也出過高爾夫球車的事故。我指的不是某次我們幾個人把高爾夫球車駛出片場再開上路去吃拉麵的故事。那時有人說我們的高爾夫球車可以合法上路，所以我們就信了。但過沒多久，我們就造成巴翰大道（Barham Boulevard）交通堵塞，後頭緊跟一堆開著雪

佛蘭大猴（Chevy Tahoe）[14]的憤怒駕駛。當時我們想乾脆在路上被撞死算了，但後來還是吃到拉麵，回去也毫髮無傷。

但我要談的不是這類經驗。我要說的是，有次我開高爾夫球車為康納的小孩導覽片場，結果卡在洞裡的故事。

康納的孩子妮芙和貝克特來探他的班時，是我唯一會把能力發揮到極致的時刻。他們搭車過來，整天一同出席會議、和爸爸一起玩，如果爸爸要處理的事他們不能參與，我就會和他們一起打電動或帶他們逛逛片場。某天，我覺得擇日不如撞日，決定帶他們導覽華納兄弟的外景片場。

這個外景片場有很多好玩的點，你可以看到《歡樂滿屋》（*Full House*）和《吉爾莫女孩》（*Gilmore Girls*）裡的房子，也可以開車環顧《六人行》和《急診室的春天》（*ER*）的建築外牆取景地，還能看到著名的華納兄弟水塔。片場裡還有一座潟湖。

據我在華納兄弟片場擔任導覽員的朋友所說，那座潟湖曾用於拍攝《侏儸紀公園》（*Jurassic Park*）、《急診室的春天》、《吉爾莫女孩》、《美少女的謊言》（*Pretty Little Liars*），還有其他眾多的作品。它位於《嗜血真愛》（*True Blood*）的建築外牆取景地附近。但那天我帶康納的小孩參觀時，那座潟湖沒有水，只是一個由樹環繞的巨大坑洞。我到現在還是想不透原因，但我當下就是覺得開進坑洞裡會很有趣。是為了看清楚潟湖嗎？還是因為沒有水所以看來很誘人呢？也有可能只是因為我很蠢而已。

所以我把車開進這座下陷又乾涸的大谷地，心想當時分別是十歲和八歲的妮芙和貝克特會覺得很有趣。他們確實

也這麼覺得，但我們要出坑時，高爾夫球車無法開上出去的斜坡。我們先倒退來累積馬力，再開到通往主要道路的小坡上，然後到上坡的一半，我們就會慢慢滑回乾涸的潟湖裡。這個情況發生的次數多到我都不想承認了。我還一度叫妮芙和貝克特下車，心想減輕高爾夫球車的重量會有幫助。但如果要我賭我們三人之中是誰拖住了高爾夫球車，答案不會是那兩個孩子，是那名一開始就害他們陷入坑洞的成年女子。

因為沒有車經過，所以我們只能靠自己。還好小朋友不覺得我很可悲，反而還覺得很好玩。剛開始我也有同感，但後來我開始擔心，我會不會永遠都沒辦法把這台該死的高爾夫球車弄出這座空空如也的潟湖外。我考慮過把車留在原位，叫實習生來拖車和善後，不過從那裡走回片場要花點時間，而且這台車和康納節目的所有高爾夫球車一樣，貼有寫著「康納」的巨型字樣，到時可能會節外生枝。我甚至想過要教妮芙開高爾夫球車，這樣她就能獨自把車開上去，或許少了我的重量，車子就能跑得快一點。但不用多久，我就意識到這是個糟糕的提議。過了一會兒，我想到要怎麼做了：我需要請康納的孩子幫我把高爾夫球車推出這座沒有水的潟湖。

所以這兩個乖孩子和我一同站在高爾夫球車後方，使出小學生的力氣死命地推。其實他們沒幫到什麼忙，幾乎都是我在推，但讓他們覺得自己有助一臂之力也不錯。我們被困在這個無水的巨大潟湖超級無敵久之後，終於將高爾夫球車弄回主要道路上。

這大概是康納第一次聽到這則故事的完整版。我記得妮

芙和貝克特和他講到我們慘痛的冒險回憶時，我輕描淡寫，假裝我們是差點被困住，而且在車外待了幾分鐘而已。

康納，如果你正在看這段，你要知道那兩個孩子從來沒有真的陷入危險當中。試想你把車開進空的大水池，結果因為上去的斜坡對車子而言太陡，所以人被困在池子裡，不知道要如何出去。當時的情況就是如此。

經歷那場高爾夫球車之行後，妮芙、貝克特和我沒有再出去探險，成天玩著一場又一場的《瑪利歐賽車》（*Mario Kart*）。這樣安全多了。

高爾夫球車和警車

過去不只一次，我在下班後會和工作上的朋友一起出去玩，最後醉到要找一個不用開車的方式回家。我剛開始替康納工作時還沒有Uber和Lyft，所以我都需要找住在我家附近的人載我一程。

我的朋友琳賽・西恩（Lindsay Sheehan）過去多年是執行製作傑夫・羅斯的助理。有一天我們下班後一起去吃壽司，但因為喝太多了，所以後來睡在傑夫辦公室裡的組合沙發，早上才開車回家。

還有一次，我在華納兄弟片場出口巷尾的煙燻屋餐廳（Smoke House）喝得有點太多，上班時在停車場吐了出來。

另一次是我和一位NBC的老朋友聚會，結果我喝得太醉只好把車留在酒吧，隔天再叫實習生把車開回來。我在康納認識實習生的那集外景裡曾經提過這件事。

不過這一次，我和朋友一起出去吃晚餐，每個人都喝

了幾杯，但我預定要開車所以滴酒未沾。我們走回環球片場時，發現我們的攝影棚前面停了一輛警車。

當天我們節目有用到那輛警車，後來道具組把車停在門前以便明天歸還。他們把鑰匙留在了車內，所以我們坐上車開始在攝影棚附近兜風，完全沒有一絲羞愧。

但我們在一處轉彎時，看見一位值夜班的保全。雖然我們的車速大約是每小時八公里，我們還是超級緊張，直接在路中央停車，無聲無息地停了下來。

如果你是這位保全，想像一下三更半夜巡視一片死寂的片場時，因為你值的是夜總會的班，所以從來沒有半點動靜，這時你突然抬頭看，看見有輛來路不明的警車在《今夜秀》的攝影棚附近龜速行駛。但這沒有道理，照理來說片場都有自己的保全團隊，而這時這輛警車無緣無故在路中央停了下來。

我們要想辦法不讓保全接近車子。我們很清楚如果他發現是我們在開車閒晃，到時可能就慘了，畢竟我們開的是警車，但我們不是警察。我實在想不到要怎麼辦，於是就把手伸出車外，向他揮手。那是一種親切又自信的揮手，我想藉此傳達的訊息是：「哈囉，親愛的保全大哥。」

重點不是車內有三位平民打扮的年輕小姐，也不是這一輛警車大半夜的在環球片場無處可停，對這位保全而言，重點是如果真有可疑之處，我不會這麼自信地向他揮手。保全稍微頓了一下，不情願地抬起手臂向我們揮手。感謝我荒唐的年少時光讓我靈光乍現。

我踩下油門，用每小時八公里的速度，悄悄調頭回去攝

影棚。保全看向我們，知道事有蹊蹺，但他的薪水還沒多到讓他有足夠的動機上前關切。

我們回到攝影棚後和警車拍了一張照，還傳給我們的道具組，這時四處張望發現了一輛高爾夫球車。

在環球片場工作的一大樂趣是它的外景片場非常有名，就像主題樂園一樣。全球各地的人來環球片場一定會參加外景片場的電車導覽。我們非常幸運，每天上班都能進到裡面。停好警車後，我們才發現剛剛只是第一回合，現在我們要來開高爾夫球車參觀外景片場。

我們開到諾曼‧貝茲（Norman Bates）[15]的住處，還考慮進去裡面（但最後我們還是怕到不敢進去）。然後我們又晃到貝茲旅館（Bates Motel）[16]，打算假裝要辦理入住（但依舊沒膽這麼做）。最後我們到了法院廣場（Courthouse Square），也就是《回到未來》（Back to the Future）和許多電影和電視節目的取景地。這是在褻瀆環球外景片場遠近馳名的導覽行程，但我們不在乎。我們也沒看到那位保全的蹤影。

在片場四處蹓躂可能看來沒什麼了不起，但對我而言，自由自在的晃悠把我工作的片場變成我的私人遊樂場。或許有些人會奉亞佛列德‧希區考克（Alfred Hitchcock）[17]電影傑作的布景為聖地，不過我卻會把它們想成是為我而設、和朋友一起享受和嬉戲的場地。好像希區考克當年拍攝《驚魂記》（Psycho），就是為了讓55年後的我和白癡朋友開著高爾夫球車，來到《驚魂記》的片場並和它拍照。有些人覺得進

入這些珍藏傳奇製作的場地，就是對個人責任的考驗，必須守護其中的神聖不可侵犯性。我卻不同，我覺得拿這些場地當作自己拍照的背景才是樂趣所在。我的專業素養可不是說說而已。

出差

2010年10月，就在我們預定要播出康納TBS新節目的前一個月，美國運通找上康納，請他為品牌拍幾支電視廣告。美國運通的廣告團隊和康納團隊通力合作，康納的一位編劇提出方案，部分片段需要康納親自到印度拍攝，結果萬萬沒想到，美國運通居然通過了。康納需要一些員工隨行，但他的首席編劇麥克・史威尼和執行製作人傑夫・羅斯都在埋頭準備新節目，唯一的選項就是我了。康納問我想不想和他去印度，在他拍攝美國運通廣告的期間提供協助，我當然開開心心地答應了。

接下來要講我們飛去印度的過程。我真的沒有要炫耀，也不是在假謙虛真炫耀。我很清楚我不是立了什麼功才能享福，也知道這聽起來有多讓人火大，但事實就是美國運通買單整趟行程的支出，所以康納和我到印度，搭的是阿聯酋航空（Emirates airline）的頭等艙。

就像我在前面說的，我只有經濟艙的等級。我很習慣在飛機上付錢買各種小東西，例如：加點的洋芋片、登機隨行包、酒、耳機、任何東西。所以當我這個加州蒙提貝羅（Montebello）出生的老粗一走進阿聯酋航空的頭等艙，就像

來到全新的世界。

頭等艙的位子不多，原因是它們可要價不菲（有人告訴我單個座位的票要兩萬五千美元，但這個說法沒受到證實）。還有它們甚至不是座位，是有四面牆的套房。沒錯，就是四面牆。人坐下後關上門，就會受到四面牆包圍。睡覺時間一到，他們會關燈、點亮頭等艙天花板上的假星星，帶你進入香甜的頭等艙夢鄉。

我飛到航程的一半時被熱醒，因為沒有人看得到我，所以我做了任何正常人都會做的事，就是把褲子脫了。我在飛機上把褲子脫了。受不了了嘛！後來我又回頭繼續睡，沉浸在沒穿褲子的榮耀中。反正沒人會看見我，評斷我甚至摸得到我。清醒時，我會醜醜地斜躺在座位上，一邊啜飲香檳一邊看《歡樂合唱團》（Glee）。我不知道自己成了誰，又是哪個人格掌控身體，但我覺得自己好像真的屬於頭等艙，還永遠不想離開這裡。我們搭了14個小時的飛機終於到達杜拜，要再轉機到齋浦爾（Jaipur）時，我還問我可不可以待在飛機上。

我們終於到印度了。我們住的飯店非常棒，過去是一位印度邦主的宅邸。飯店的花園裡有位男子敲打兩根樹枝來趕走鳥群。這就是他的工作。

我知道無論康納和製作方的需求是什麼，到了印度我就是要盡力協助，可是飯店的奢華享受讓我不能自拔，害我成了一團只會呼吸的肉。我們到片場後，我會直接坐到陰涼處，像女王一樣吃起片場的外燴。我不知道那次出差期間，我到底對其他人有沒有貢獻，連有沒有幫康納做事也不清

楚。我在房間裡和飯店提供的絲綢浴袍合照；早上和康納一起吃早餐，享用尊爵不凡的抹醬；晚上點很貴的飲品搭配晚餐。我變成另一個女人，好像我才是美國運通付錢請來印度的人，康納只是跟班而已。

當時我有男朋友，去印度時我們的關係也才確立不久，所以我時不時會用Skype和男朋友視訊。有次我去逛街，買了把西塔琴要送他。在回洛杉磯的飛機上，我把西塔琴放在一間空的頭等艙「套房」。那次出差前，我已經在康納手下工作一年半，當時我才發現自己有能力也有意念迅速轉換人格，畢竟我的內心住著一個就算活得愈來愈頹廢還是完全不會羞愧的人。這樣看來，其實沒有人隨行對康納會更好。不過如果我真的有貢獻的話，那就是提供觀眾互動環節的節目素材。有一次康納看著飛機窗外的景色，我則手拿香檳看著電視。他突然叫我過去看俄羅斯的地貌，但我忙著看《歡樂合唱團》，所以回他我等等再過去看。他超愛和觀眾分享我寧願看《歡樂合唱團》也不願欣賞俄羅斯的地貌，所以要是我對他有貢獻，那就是這則故事了。就這樣而已。

對於需要出差的工作而言，出差非常重要。那是向同事展現你出了辦公室如何待人接物的機會，多數人不會希望自己不專業的一面被共事的人發覺，尤其是被老闆抓到。那天我在阿聯酋航空的「套房」，一邊啜著香檳一邊看著電視，就是向康納展現最真實的自己：經濟艙等級之人，明顯對搭著老闆便車而享有的雍容華貴沒有招架之力。我把專業素養晾在一旁，打算把握機會讓自己過得舒舒服服。與其假裝這一面的我不存在，我反倒選擇盡情顯露。陶比‧麥

如何在工作時小睡

1. 如果老闆要挑辦公室裡的家具，記得和他一起去挑沙發。這樣不只能建立你是小任務好幫手的形象，還可以藉試坐之名，行小睡之實。

2. 不要挑太硬的沙發，不然睡起來會不舒服。但也不要買太軟的，否則睡得太舒適，一小時充電用的小睡最後變成兩小時。

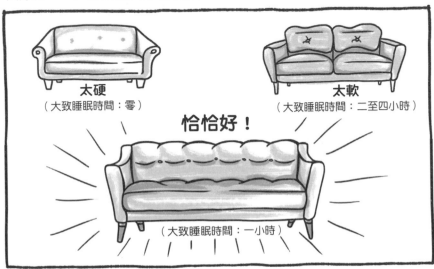

在工作時小睡（續）

3. 選到恰恰好的沙發之後，我們要有策略地選擇擺放位置。要放在透過門就可以清楚看見的地方嗎？當然不行！你得想辦法把它移到比較隱密的位置。

成功！

在工作時小睡（續）

4. 接下來幾個月要研究各種腳步聲。一旦你能辨認出老闆的步態，就可以拿來實際運用，移除小睡夢鄉的最後一項路障，也就是老闆本人。

5. 謹記這點：他的行程由你看管。先決定你什麼時候要小睡，再把他的會議時間排得離小睡時段愈遠愈好。

6. 快成功了。

7. 走進他的辦公室。

8. 確認周遭沒有人偷窺。

9. 開始睡。

奎爾（Tobey Maguire）飾演的《蜘蛛人》（*Spider-Man*）系列電影中，其中一部讓我覺得似曾相識。彼得·帕克（Peter Parker）任由猛毒（Venom）侵佔身體，並因此感受到強大的力量而沉迷其中。他的氣質、外貌和整個人的態度有了180度的翻轉。我就是彼得·帕克，我的工作福利就是猛毒。電影內容我不記得了，但可以確定的是，彼得·帕克有圓滿的結局。

加州大學聖地牙哥分校之行

2012年春天，《好萊塢報導》（*Hollywood Reporter*）打算寫一篇康納的封面報導。負責的記者是史黛西·威爾森·杭特（Stacey Wilson Hunt），一位多才多藝又厲害的資深娛樂記者。當時加州大學聖地牙哥分校（UCSD）為了向康納致敬，將一間學院暫時命名為「康納·歐布萊恩學院」。史黛西想將這則故事寫入報導，因此和我們一同前往校園參觀。

UCSD由幾個不同的大學部學院組成。我猜有點像是霍格華茲[18]那樣，但我從來沒看過《哈利波特》（*Harry Potter*）的書或電影，我說的霍格華茲只是自己的想像而已。這個類比可能不是很恰當，但我也不懂啦。總之，UCSD有七個大學部的學院，學生可以選擇最符合自己的人格和目標的學院來就讀。當時為慶祝某間學院建院十週年，這間學院的學生當日將學院暫時命名為「康納·歐布萊恩」。康納和我們數位小組的幾名員工，包含德魯·尚恩（Drew Shane）、史黛西還有我，一起搭火車到聖地牙哥參加活動，共襄盛舉。我們活

動當天下榻學校附近的飯店，隔天早上就要直接回去。

我們到UCSD後，整天都在認識學生、相互寒暄、參加校園導覽，最後則是學生主持的康納問答活動，台下有上千名UCSD的教職員生。真是美好的一天。

回到飯店後，我吃了一點食用大麻放鬆，準備上床睡覺。但我一吃完就發現德魯傳訊息給我，說大家正要去吃飯店的晚餐。我有因為吃了食用大麻就不敢去享用免費大餐嗎？當然沒有。其實我不應該去嗎？沒錯。

我完全不是重度呼麻仔，也不會一早醒來就開始吃大麻。我幾乎不會、甚至從來沒有在工作時因為大麻而神智不清。但辛苦了一整天，只要給我一份食用大麻，讓我看《公園與遊憩》（*Parks and Recreation*），就能讓我直達極樂世界。那天我真的滿累的，所以才來了一點食用大麻。

我和大家在飯店的餐廳碰面，剛開始的40分鐘我的表現還很正常。史黛西和康納聊聊白天的活動，想要多了解他的歷程、深入探索他和粉絲的互動，作為報導的素材。當時我還能參與他們的談話。因為《好萊塢報導》的封面故事非同小可，每個人都戰戰兢兢。這也是康納離開NBC後少數接到的媒體採訪，所以我知道這次自己要呈現出專業的樣子，只有要補充重要的事時我才會開口，也不會開低級的笑話。為了不要發酒瘋，我堅持只喝一杯酒。如果真的和大家聊起來，我會盡量經過深思熟慮再說話。剛開始聊天時我的表現都非常良好，但40分鐘後食用大麻就發揮效用。我漸漸從團隊裡專業的一員，搖身變成嗑藥嗑到發瘋的大學生。

我開始對不好笑的東西發笑。康納或其他人只是講一段

還算有趣的話，我也能瘋狂大笑。或者我也會像嗑藥嗑到瘋癲的人一樣竊笑，掩飾自己到底有多神智不清。說話時，我起了句子但講到一半我就忘記自己想講的重點，這時大家會看向我以示禮貌，實際上卻一頭霧水。隨著我的聲音減弱，大家的眼神開始飄向別處。再來就是食物。我不只把自己盤子裡的所有東西塞進嘴裡，一副餓死鬼的樣子，還拿起我的叉子去翻德魯的剩菜。前40分鐘也就是我還清醒時，我們就已經吃過正餐了，但我開始覺得飄飄然之後，又開始點了一大堆菜。鮪魚塔塔、薯條、鷹嘴豆泥。我的盤子盤據各處。

　　如果沒有人要吃我點的開胃菜，我就會說：「我不想浪費這些食物」之類的話，好像我是為了省大家的麻煩才會狼吞虎嚥。我點了很多甜點和大量的水。很多水。太多水。只要我的水杯一空，我就會說：「我需要水……」或「有人也會口渴嗎？」諸如此類的話。服務生過來桌邊時，我會急忙嚷嚷要加水，而五分鐘過去，我又會一樣著急地要水喝。你知道有些人喝很多水，喝到幾乎無法呼吸，可是因為剛才喝的速度太快，所以一停下來又會喘不過氣嗎？我就是這樣，嘴巴缺水到不行，不知道的還以為我吃的是搖頭丸，而不是食用大麻。

　　這些事就在《好萊塢報導》的記者面前上演。康納注意到我的狀況，決定要好好利用一番。因為史黛西好像樂在其中，所以康納沒有生氣，還開始故意問我問題，害我丟臉、成為大家的焦點。

　　「索娜，你覺得今天的活動怎麼樣？」

「我覺得學生很酷⋯⋯他們互動的方式還有⋯⋯嗯⋯⋯
對不起，你剛剛說什麼？」

「今天的活動。你有什麼心得？」

「喔，我覺得很好。」

「就這樣？」

「還有，我喜歡他們嗨起來的樣子還有他們會⋯⋯
呃⋯⋯坐著聽⋯⋯嗯⋯⋯。」

沉默五分鐘。

「然後呢？」

「什麼然後？」

「你說到他們坐著聽，聽起來你還想說什麼。」

「我有嗎？沒了，就這樣。」

「你確定？」

「確定什麼？」

「確定沒有想要再補充什麼了嗎？」

「對什麼補充？」

「對你談到今天活動的部分。」

「喔對，活動很不錯。」

「這樣而已？」

服務生走了過來。

「請問可以再給我一些水嗎？我好渴。」

「需要乾脆給您一壺水嗎？」

混蛋服務生。

「你幹嘛喝這麼多水？」康納竊喜問道。
「我喜歡水。」
「但看起來你真的喝很多水耶。」
「有嗎？」
「對啊，超過正常的量。」
「沒有，我覺得我喝的是正常的量。真搞不懂你幹嘛管我的水分攝取狀況。」
「我沒有在管，我只是在想你喝的量比平常還多，就是怪怪的。」
「什麼怪怪的？」

當晚這個狀況重複上演很多次，康納用被動攻擊的方式讓我知道他已經發現我因為大麻而神智不清，但他從頭到尾都沒有明講。他知道我的處境懸於一線，而這正好是他的精神糧食。

餐廳在戶外，在晚間會有點寒意，所以他們會提供毯子給客人。我拿了一條毯子，把自己像捲餅一樣捲進裡面，接著就在桌邊進入睡眠的快速動眼期，甚至還可能有打呼。

我的臉上有口水。

多年之後，我要強調是那場在聖地牙哥的晚餐的「多年之後」，康納還是會在和任何人對話時，想方設法讓我在和

記者吃晚餐時因為嗑藥而瘋瘋癲癲的事，自然地成為談話內容。這麼做是為了讓對方知道，縱使我的表現如此，報導還是寫得很棒。我自己學到的則是，出差時一定要先問有沒有晚餐的規劃，再決定要不要回自己的房間。

男人

為康納工作的大部分時光，我都維持單身。中間有幾段短命的戀愛，但大部分時候我是妥妥的單身女子。我對康納就像很多人對職場上的朋友一樣，會和他分享我的約會經歷，有時還會將約會對象介紹給他。如果我們在酒吧喝酒，有人吸引到我的注意，康納就會變成我的紅娘。可是我沒多久就發現——康納是很爛的紅娘。或許這個結論令人詫異，畢竟康納在記者、人資、還有觀眾面前講到我，都不會讓人有糟糕紅娘的印象。他不是爛在不會像一般助攻的朋友幫我說好話，其實他會，只是每個對象一發現我的老闆是康納，他們就只想「聊他的事」。如果他們知道康納和我一起來酒吧，只會一心一意想「和他聊天」。通常他們和我聊個沒停，只是想和他搭上話而已。這樣一來，康納完完全全就是啪啪啪終結者，實際的成果和他的本分完全相反。不過他的確曾盡其所能地幫助我，我還是心存感激，只是有時我自己真的爛到無可救藥。

內褲

那是我和同一個人的第四次約會。全部四次都是我此生

最糟的約會經驗。等等，我要先聲明，我不會透漏這位先生的詳細資訊，畢竟他也是有血有肉的人，他可能也不知道自己有多渣。細節我會模糊帶過，這樣未來他才有機會和其他女生開花結果。

我們在好萊塢參加休閒運動時認識彼此。運動完後大家會去酒吧聚會。我一直對他有意思，也覺得他很可愛。某天他單獨約我出去，說他住在酒吧不遠處並邀請我之後去他家。他還提議一起去吃點東西或再找個地方喝酒。我說好。他早我一步離開酒吧，沒多久我就去了他家。

我到的時候，他面露不悅前來應門。顯然他從酒吧一回到家就一直在打電動，整個人完全陷進遊戲世界，而我打斷了他。真是個美好的開始。他說我可以等他把這部分打完，結束後我們再來享受兩人時光。這次我也回答「沒問題」。他帶我到他的房間，裡頭有一套豪華的電腦設備，還有一張舒服的電競椅。巨大的電腦設備旁擺著一張又小又不舒適的高腳凳，我這才意識到那是我的位子。

我坐在高腳凳上，心想我大概會在那兒一邊看他打遊戲，一邊聽他解釋遊戲大小事。雖然我理想的約會不是如此，但我可以隨遇而安嘛。不過實際情形不是這樣。他突然坐下來，戴上有著麥克風的降噪耳機。我坐在那兒看他打著我不會玩的遊戲，連遊戲的半點聲響都聽不到。他會用麥克風和其他玩家對話，其實聽起來還蠻刺激的，不過我就是乾坐在那兒，笑得像個白癡，假裝我很享受、光是看著也自得其樂。

原本我以為他只需要10分鐘就能打完必須打完的部分，

但45分鐘就這樣過去了。我仍然坐在這個男人髒亂的房間裡，還有這張不舒服的高腳凳上，看著這位潛在追求者玩著我一竅不通的電動，甚至連半點聲音也沒有，完完全全無視我的存在。

我很不想承認到底拖了多久，但我總算鼓起勇氣起身，揮手引起他的注意，然後用唇語禮貌性地告知：「我要走了。」他瞥向我，揮了揮手又繼續回到遊戲世界。

隔天上班時，我把這整件事告訴康納。他就像摯友一樣聽著來龍去脈。我知道和老闆分享自己失敗的約會故事很奇怪，如果老闆本身是名人，那就更怪了。不過他是我在職場上互動最緊密的人，我的私生活自然會滲入工作領域。而且他是真心對這種事感興趣。當時他和麗莎結婚將近20年，婚姻幸福美滿，聊其他人的感情世界對他也是樂事。加上他在約會方面既是高手又樂於提供建議，所以我想聽聽他會針對這個男的給我什麼建議。沒錯，我還在考慮要繼續和那個對象交往。明明在臨時的約會被完全無視，還考慮和對方繼續下去，由此可見我的標準有多低。好像只要是有脈搏的男人我都可以試試看。康納聽到我講對方打電動的事時笑了出來，還問我要不要再和這個人約會。康納一向對我的交往對象持保留態度，我猜原因是他認為如果說出對這些人的狠毒評價，未來假使我和其中一人結婚，他大概會心神不寧。

隔週我在酒吧又碰到這個男的。他沒有為在他家發生的事情道歉，一副一切安好的樣子直接迎面走來，再次約我出去。我這個沒安全感又可悲的女子，又答應了。

第二次約會，他為我們計劃了一番。我們要一起吃晚餐

再去看電影。於是我開車到他家載他。（他在洛杉磯沒有駕照也沒有車……）他說電影票已經先買好了，問我可不可以去買晚餐。我說沒問題。上車之後，他向我指路開到買晚餐的地方，我心想這次約會他真的有花心思，真令人感動。先前是我誤會他了。我想著到時和康納分享這個贖罪的心路歷程，感覺一定很棒。起初這個男就是個廢柴，但他把握住第二次的約會，不用我費半點力氣就先選好電影和餐廳，靠這個機會向我展現自己的價值。看著對方不靠我的幫忙就打點好所有細節，實在讓我通體舒暢。這也證明我沒有看走眼。

但這些想法在我發現他選的餐廳是7-11後，就全消失了。

讓我來解釋一下。

其實呢，沒什麼好解釋的。

他為我們倆選的餐廳就是7-11。那種會在你家社區出現的便利商店。那個凌晨三點嗑藥嗑到神智不清時，你會過去買多力多滋的7-11。這個男的帶我到那兒吃晚餐，甚至是約會的晚餐。

他走過一排排層架拿取食物，貌似正在勞爾夫超市（Ralphs）[19]買菜。我和他說我很樂意在電影院的小吃部買零食來吃，但他說那兒賣得太貴了。說得好像付錢的人是他一樣。我聳聳肩然後拿了一些焦糖夾心巧克力（Rolos）[20]。

我們到收銀台為零食結帳時，他說我們不用購物袋，下一秒就拿起他選的所有食物再丟進我的包包裡。那時我揹的是一個大托特包，沒想過它能在走私零食到電影院時派上用場。我大概也沒想過這場約會會變成這副模樣吧。

我們到電影院就座後，燈才一暗，他就向我要他的食物。全部的食物。先是熱狗堡，再來是起司漢堡、一些墨西哥炸捲餅（taquito）還有一份加熱過的墨西哥捲餅（burrito），最後他以雞翅結束這一回合。這些食物味道都很重。謝天謝地！我剛剛還在擔心最尷尬也不過如此而已，原本以為沒有人會發現我們帶了外食，但還好食物的味道蔓延到整座影廳。前一排的人頻頻回頭，死瞪著我們。這時這個和我約會的混帳東西還在開心享受7-11的食物。我打開我的焦糖夾心巧克力吃了起來，讓大家看清楚我不是味道的來源，而是我旁邊那位。接下來的兩個小時，食物的味道在影廳裡揮之不去。那是我此生看過最漫長的電影。

　　我又來到康納面前，回憶起第二次約會。他又邊聽邊點頭。我知道他有話想說，卻欲言又止。他就像可靠的閨蜜，滿腹同情地細細聆聽。他只會聽卻不做評斷，告訴我應該做讓自己開心的事，但與此同時要確保自己不隨便將就。環節製作人在康納辦公室外等著和他討論當日的節目來賓，而我在浪費康納的時間，說著我被一名腦袋裝屎的男子強迫成為電影院裡的臭臭食物二人組。那時我還斬釘截鐵表示，不會再和這個男的約出去，也傾吐我的羞愧和不知長進。

　　這也就是為何我答應要和他第三次約會時，一切更讓人心灰意冷。

　　不要罵我。好啦……其實你可以罵。我活該被罵。我也不知道我同意再和他出去的原因。我猜那時我閒閒沒事做吧。總而言之，我們打算一起去吃飯。

　　我記得約會當天，我傳訊息問他還有沒有要約，他說

有，不過他要午睡一下，我出門時再傳訊息提醒他。所以我盛裝打扮，穿了可愛的洋裝、弄了妝髮、除毛。你知道吧，就是一般人約會前的準備事項。

我出門時傳了訊息給他。

他叫我下高速公路時傳個訊息。

我下高速公路時傳了訊息。

他叫我到他家時傳個訊息（請別忘了這個男的沒駕照也沒車）。

我到他家門口時傳了訊息，按了幾次門鈴卻沒回應後又再傳了一次。

他應門了，身上只穿著內褲。

我再說一遍：他來應門，全身上下只穿著一條內褲。

他見到我時好像很不耐煩，很像我們第一次約會時的景象。他剛剛在午睡，顯然被我吵醒了。當下我才恍然大悟，原來每次我傳訊息，他又會叫我定期回報到他家的哪裡，就是因為他想要盡量睡得久一點。這個男人只穿著一條內褲，那該死的臉上還留有被子印痕。我站在他家的門口，一身可愛的衣服，搭配完整的髮型及妝容。然後他說（氣呼呼地說）：「我在睡午覺。想進來就進來。」說完又走回公寓裡，不見人影。

我站在原地，深知當下是抉擇的時刻。我可以保有僅存的尊嚴離去，或摒棄所有的自我價值，跟著他進去。我站在那兒想了好久。一直以來我都為付出少、零付出的男人過度犧牲，該是時候脫離這個階段了。我必須知道自己值得更好的，不必一再將就和受罪。我交往過的男人都是這副德性，

他只是其中一例而已。他們的付出少得可憐，但足夠讓他們相信我不會起身反抗，而我總是放任他們稱心如意。我真的必須要打破這個循環。

但不是現在。

我跟著他走了進去。我好恨自己。

我走進他的房間，看見他已經回床上了。他的房間很髒。不只是亂，是髒。盤子上還黏著帶有脆皮的食物的汙垢，玻璃杯貌似裝著不知名的飲料但看來早就蒸發了，衣服則是四散各處。我必須跨越重重障礙才能走到他的床。走到時我直接脫下鞋子，然後莫名其妙地躺在他身邊。過一陣子，他發動攻勢，但卻尷尬到了極點。他作勢要親我，但我沒有預做心理準備，所以往後縮了一陣還用手打了他的臉。後來我們開始接吻，不過我卻半點感覺都沒有。我完全沒有任何感覺，可能只有那麼一點厭惡感。那是我第一次領悟到有人說和對象沒有身體吸引力是什麼意思。我試著在尷尬中燃起興致，但仍索然無味。我得就此打住。他只穿著一條內褲，他的氣息聞起來像是已經睡了好幾個小時的午覺，而且他的房間根本是個災區。我真的受不了了。於是我坐起身，說：「我沒碰過像你這麼不用心的傢伙。」他笑了出來，而我就此離開。

我和康納談到這次約會時，他終於忍無可忍。我想那個男的穿著內褲應門的那段是壓垮康納的最後一根稻草，畢竟他從沒聽過這麼不尊重人的舉止，而作為我的朋友，他替我感到震驚不已，但也覺得好笑。透過這個機會，他終於給了我需要的建言，那就是我值得比這個男人還要好很多倍的

人，還有我必須認知到自己值得更好的，不能將就處於這個莫名其妙的狀況。他要我認清這個男的有多爛，不能就此託付自己。他說得對。他也確保我很清楚這個故事未來好幾年會作為節目上的笑話。他是絕佳的諮詢對象，但也是喜劇主持人。我就這樣給了他一份很棒的禮物──一份永遠說不膩的素材。

「索娜的感情生活有多慘？她的上一個約會對象連約會時都懶得穿好衣服。他大概到不了賣場去買衣服穿吧。」

自從我開始替康納工作，這個詛咒就一直纏著我。一旦我碰上丟臉的事情，我就知道接下來好一段時間他會拿這件事取笑我。最讓我無奈的一點，是我知道我必須告訴他這些事。我覺得我非得告訴他。這些事五花八門，包含和我約會的男人、我家人的迷信、我和朋友出去玩的故事。

我在酒吧的桌上跳舞，結果失去平衡跌下來的故事？這和工作八竿子打不著，但我還是和康納說了。它很快就成了節目上的笑話，反應還很熱烈。

約會對象在約會途中忘記我的名字？這也和工作半點關係都沒有，我也知道這會成為康納取笑我的素材，但我還是對他說了。

好啦，我們不要扯太遠。或許現在你會想，內褲男真的踩到我的紅線，還覺得我再也不會和他出去了，對吧？不過正如我在這個章節一開始說的，我和這個人有過四次糟糕透頂的約會，所以如果你先算了一下，就會發現我還會再和他出去約會一次。只是這次我是發自內心的討厭他。我收到他約我出去的訊息時，真的對他的厚顏無恥不敢置信。我不再

我開心地和康納的道具頭合照。這是康納客串電影《龍魚追鯊令》（*Sharktopus vs. Pteracuda*）的一幕所用的道具。他在電影中遭到八爪鯊魚啃咬，附近海灘遊客便拿他被咬下的頭當排球玩。圖片來源：Team Coco，梅根·辛克萊攝。

康納為了拍攝我們在聖地牙哥國際漫畫博覽會（Comic-Con）演出的開場影片，化了兩個小時的妝，扮成《冰與火之歌：權力遊戲》裡的角色「紅袍女巫梅麗珊卓」（Melisandre）。圖片來源：Team Coco，梅根·辛克萊攝。

自我有記憶以來，我哥哥丹尼（Danny）的夢想就是在金融業工作。某個平凡的一天，我們在家中和父母、祖父母、曾祖母拍了這張照片。我很確定當時丹尼大概十歲。

節目組對我說，在亞美尼亞特輯播放當天，我可以邀請一些家人來觀賞。但他們看到我帶這麼多家人來就後悔了。圖片來源：Team Coco，露西‧懷特（Ruthie Wyatt）攝。

某次為了節目的橋段，我花了整整一個星期看《六人行》，能看多少是多少。看完後，我造訪《六人行》在華納兄弟片場的拍攝景點。圖中在我身後就是這齣劇片頭出現的噴水池。

康納為美國運通拍廣告，讓我有機會到印度的齋浦爾（Jaipur）。那次旅程的交通方式是我這輩子體驗過最奢華的。

在我早期參與的節目片段中，有一次康納要尋找我下落不明的馬克杯。那是實境秀《應召舞男》的周邊商品。幾年後，我和朋友在拉斯維加斯玩時，見到我最喜歡的舞男之一布雷斯（Brace）。

我和康納在節目舞台上。圖片來源：Team Coco，蒂芬妮·盧哈尼（Tiffany Roohani）攝。

某次晚餐後，我和朋友發現這輛警車停在我們的攝影棚門口，後來我們就開著它在片場開心兜風。

我們拍了一部搞笑片段，整集內容就是看康納拆我的車子。拍完後沒幾個月，某天我開在洛杉磯繁忙的高速公路上，這台車卻突然發不動了。後來我把它拖吊到距離最近的二手車經銷商CarMax，處理掉之前我和它合照。

同樣的片段中可以看到，康納直接在節目錄影時，送我這台用五百美金買下的破車。現在還是有人覺得，雖然康納在節目中送我這台破車，但其實他私下送了台好車，因此問我他是不是買了好車給我。康納為人是很大方，但他絕對不會做讓節目笑料打折扣的事。而如果他私底下送我一輛好車，就會讓節目笑料打折扣。

有時我們在訪問蜜雪兒·歐巴馬、凱薩琳·歐哈拉（Catherine O'Hara）和尤金·列維（Eugene Levy）等屬害的人物時，我會出神，腦袋出現一個聲音，不斷告訴我這些人比我屬害太多了，害我忘了注意他們在講什麼。圖片來源：（上圖）Team Coco，亞倫·布萊爾特（Aaron Bleyaert）攝；（下圖）Team Coco。

康納和麗莎參加我的婚禮。圖片來源：ANI工作室。

在許多亞美尼亞式的婚禮上，賓客會在舞池把錢丟向空中。康納跳舞時，大家把錢丟到他身上，接著他一一撿起，一邊拿著錢一邊跳舞。圖片來源：ANI工作室。

生產前兩個月，我和康納午餐時的合照。圖片來源：ANI工作室。

康納主持白宮記者晚宴那次，我們獲准穿越白宮草坪，參觀白宮新聞簡報室。我在白宮前擺好姿勢，拍了這張照片，記錄下這個「我到底是怎麼進來的？」超級時刻。

庫梅爾・南賈尼（Kumail Nanjiani）因為拍攝《矽谷群瞎傳》（*Silicon Valley*）和節目的時間衝突，臨時取消節目通告，我因此被叫去代打上陣。坐在這兩個人之間讓我覺得既興奮又刺激。圖片來源：Team Coco，蒂芬妮・盧哈尼攝。

在古巴拍攝第一集《康納無國界》時，我和康納趁著拍攝空檔在泳池邊放鬆休息。圖片來源：傑森・琪萊米（Jason Chillemi）。

我和在演講比賽得到的獎盃合影。

如果殭屍末日來臨，我會這樣擊退變成殭屍的康納。圖片來源：Team Coco，梅根 · 辛克萊攝

在亞特蘭大進行一週演出的期間，我們受邀前往卡特中心（the Carter Center）。我在那裡見到了前總統吉米・卡特（Jimmy Carter）和前第一夫人羅莎琳・卡特（Rosalyn Carter）。

這張拍下我和我在《今夜秀》時期超級雜亂的辦公桌。我的辦公區域從來沒乾淨過。

在亞美尼亞時，我和康納為了拍攝我們去牧羊的節目片段，把車子開到山上一個鳥不生蛋的地方。照片中我們坐在一輛蘇聯製的小車上，本來以為我們會死在那輛車子裡呢。圖片來源：Team Coco，亞倫‧布萊爾特攝。

我和康納在亞美尼亞穿著傳統服飾在山中牧羊。不過想也知道，早就沒人會穿成這樣了。

這是我、康納和我們的外景製作人傑森‧琪萊米在拉哥劇場拍攝的。新冠肺炎疫情期間,我們改在西好萊塢的拉哥劇場拍攝節目,也只帶上精簡到12人的工作團隊。當時我懷著雙胞胎兒子,肚子已經很大了。圖片來源:馬克‧弗拉納根(Mark Flanagan)。

康納戴上紙鬍子。我爸爸有留鬍子,有時康納會用紙張或餐巾做成鬍子再戴上,然後我們就會拍下來再傳給我爸爸。

我和康納在「法律禁止在電視上搞笑」的巡迴巴士裡是上下鋪的室友。

康納和魔術強森（Magic Johnson）比了一場叫做「HORSE」的投籃比賽，拍攝時我見到魔術強森本人。後來輸的人是康納。圖片來源：Team Coco。

2016年，我登上玫瑰花車遊行的花車。當時我們有個節目橋段，我坐在臨時搭的花車上，為康納送上咖啡。這張照片拍下我在消遣完康納後，向觀眾揮手的景象。圖片來源：Team Coco，梅根・辛克萊攝。

探究為何他能無視自己的過錯，打算仿效走進火災現場看烈火延燒的人。我想知道事態還能多糟。祝融吞噬的牆面下還有殘骸嗎？還殘存著一絲絲的良心嗎？就像一個男人真心喜歡著對方，幾次擺爛後這次真的想要認真付出了嗎？我還想知道那次尷尬爆表的親熱未遂後，到底為什麼這個男的還想約我出去。

我不懂為何自己一直答應和他出去，但也同樣無法理解為何他一直約我。我對他的嫌棄明明愈來愈明顯，為什麼還要死纏爛打？

這次約會前我已經完全認清事實了，體悟到要他認錯之類的東西不再是我的目標，我只想要透過和他互動，看他如何把事情搞到一塌糊塗。這套約會策略是不是有點自我毀滅的味道？可能有吧。但眼前的災難讓我目不轉睛。

這次他又先買好附近電影院的票，還像上次一樣問我是否願意出晚餐的錢，畢竟票是他買的。我說沒問題。我不是那種希望男人負擔全部費用的女人。他們要付的話很好，但別誤會，我不會因為對方沒有全攬下來就一次淘汰。我們這次不是去7-11，而是去一家餐廳用餐。那兒半點7-11的元素都沒有，桌上有桌巾，也提供酒單，居然還有高檔餐廳才配置的服務生領班。單張電影票不可能超過15元，所以帳單送上來寫著150元時，我就知道自己吃大虧了。他究竟是想吃這家餐廳以超額補償之前7-11的墨西哥炸捲餅，還是單純想要從注定沒戲的對象敲一筆免費大餐？答案永遠不得而知。反正我付了錢，暗自記下這一段以備未來說故事用。

我們開車前往電影院。再幾分鐘就要到時，他突然問我

可不可以調頭回他的公寓。原來他把大麻菸忘在家裡,過去十幾年每次看電影前他都要先抽到飄飄然才入場。他的說法是,我必須馬上回去他的住處拿大麻菸,就算浪費時間和汽油也沒關係。我就像個白癡照做了。

晚餐時,他忙著把免費的三道菜套餐塞進嘴裡,我們根本沒時間說話,所以開車時我們才有機會多了解對方一點。你可能會想:「我相信只要你好好認識他,一定會發現他有你喜歡的點。」你錯了。

他和我說他的工作是製片助理,一個月只要工作一週。因為他的公寓設有租金上限,所以只需要賺到負擔得起每月支出即可,其他時間都拿來和室友呼麻、打電動。這個快奔三的成年男子對我說著,好像這是加分的條件,而且自己是耍小聰明的大師一樣。我還有點良心,所以沒有當面指責他,畢竟人人都有自己的生存方式。我做的只有默默記下新的資訊,隨著故事超展開心情也愈來愈好。

電影比預期的好看,看完之後我開車載他回家。我們到他家時沒有馬上下車,就在那時我直接全盤托出。我和他表明他並沒有像我努力付出,而且我覺得他一直在佔我便宜,所以我們就到此為止吧。我說我不欣賞他每次邀我過來,但人一到就擺臭臉的作為。我細數前三次約會,告訴他我要的不只是如此,也坦白一部分的過錯要歸咎於我,畢竟我從未表明我不喜歡他的作風,總是任他予取予求。他聽完後好像很困惑,試圖要替自己辯解。

「你來我家時我就是在打電動,而且只需要一點點時間就能打完啊!你也不想和做事半途而廢的男生交往吧,不是

嗎？」

「我們沒有去電影院小吃部而是去7-11，是因為我想幫你省一大筆錢。」

「我那天工作很早起，午睡是為了精神滿點地去約會。」

他亂噴一堆來情緒勒索，噴到我很想直接揍下去。

最後，我只說：「我不能再和你這種人交往了。」

這句話聽起來比我要表達的意思還要傷人，還是這完全就是我想要達到的凶狠程度？我想我就是想要這麼不留情面吧。其實我也不確定。但無論如何他被惹毛了。他直接奪門而出回自己家。我不覺得他在乎我說的話，而正是這點最讓我耿耿於懷：他有這些舉動，正是因為沒有真的喜歡我。

我把整件事告訴康納，他鬆了一口氣。他和我都知道，我和這個男的沒戲唱了，才終於把這口氣吐了出來。我想這是個案，是我第一次對交往的男人看走眼，進而做出壞的選擇。但這不是個案。這個男人只是我過去對象的冰山一角，是我放縱他們糟蹋自己。其中很多人康納都曾見過，但他總是給我空間讓我自己想個透澈。他知道光是由他來告訴我這些男人不值得根本不夠，必須由我自己想通才行。正因如此，我會一直找他尋求建議。「他剛剛回我一個笑臉，現在我要怎麼回？」「對於再次和這個男的約會，我要表現得多殷勤？」「你覺得待業兩年是不是代表他有問題？」「我從沒看過他沒喝酒、清醒的樣子，這樣很糟嗎？」這些是我向康納提出，關於我的交往對象的問題。我們的對話耽擱了當日的工作。我忙著和朋友閒聊男生，所以直接忽視重要來

電，好像我們是在美甲沙龍做指甲，不是在強調按表操課來製作節目的專業職場。話說回來，這個穿內褲應門的男人讓康納笑了很多年。只要有人問起我的感情生活，他就會嘻皮笑臉地講起這個男的，闡述我看男人的眼光有多差。不過他說的沒錯，我的眼光的確是一場災難。

當然，這在我遇見我先生之後就不同了。我第一次和康納談到塔克（Tak）時，他就知道這回不一樣。他聽得出來這個對象是認真的，會認真追求我，還會努力讓我得到康納認為我應有的寵愛。

五年後，康納和麗莎出席我的婚禮。

再過兩年，我迎來兩個兒子。我會好好教育他們，讓他們懂得不要穿著一條內褲就去為約會對象開門。

我的《應召舞男》馬克杯

2013年6月25日的早晨，我到廚房泡了一杯每天必喝的伯爵茶。我用的馬克杯是我的朋友梅根‧辛克萊（Meghan Sinclair）送的聖誕禮物，那是實境秀《應召舞男》（*Gigolos*）的周邊商品，一面印有「應召舞男」的字樣，另一面寫著「硬起來工作」（Working Stiff）。

《應召舞男》是我和朋友都很沉迷的節目，內容就是記錄五、六名拉斯維加斯應召舞男生活的荒誕戲碼。女人會雇用他們來作陪，通常還要提供性服務。那是一部故事線若有似無的軟調色情秀（soft-core pornography）。好啦，它就只是一部軟調色情秀。我們都很愛其中一位叫做布雷斯

（Brace）、看起來像45歲也像65歲的舞男，超愛他對客人一針見血的回答；文恩（Vin）則靠著大鵰為人所知；布萊德利（Bradley）是有軍人背景、新加入的舞男。不過我的最愛是尼克‧霍克（Nick Hawk）。他有大面積的刺青，最初從他的老二開始刺，最後遍及全身。現在我還在追蹤他的推特帳號。

那個溫暖的六月早晨，我到廚房拿我的馬克杯，卻怎麼找也找不到。很多人認為放在廚房的馬克杯人人皆可用。錯。如果沒看過那個馬克杯的電視節目，你就不能用，何況那個馬克杯是我的。但其實這常常發生。有些人看到馬克杯出現在公共區域，就會預設那是公用的。

可是這次我的馬克杯不見，我的理智線卻斷了。我寄了一封信給全體員工，因為用的是公司通用的郵件地址，所以每位職員、團隊的工作人員，和特納廣播公司裡有關我們節目的員工都收得到。這個郵件地址專門用於討論節目製作或傳送重要訊息，而我覺得想要找回失蹤的馬克杯，就得用這個郵件地址。我寫道：

我知道我完全在濫用「致全體同仁」的系統。但如果我的《應召舞男》馬克杯是你偷的，我會把你揪出來然後滅口。

我從幾位同事得到各式各樣的回覆，有人誇獎我終於點出辦公室時不時出現的偷竊問題，有人以為那封信是惡作劇所以笑了笑，還有人問什麼是「應召舞男」，但沒有一則回覆透漏我的馬克杯去哪裡了。

第二章

郵件寄出的一個小時之後，康納帶著攝影團隊來到我的位子。

他說他們來的目的是要進一步調查案件。為了查出我的馬克杯發生什麼事，他前去訪問辦公室裡的其他同事。

當時琳賽·西恩和我坐得近，抱怨有人偷喝她藏在桌下的一罐威士忌。

我們的藝能關係專員凱利·歐基夫（Keri O'Keeffe）大吐苦水，說之前有人偷了她的全罩式耳機。

約翰·博古斯基（John Bogulski）是環節製作人的助理，康納前去採訪時，他正在座位吃炸雞，看起來很不耐煩。

後來我們找到馬克杯了。有位實習生把它拿給我在Conaco[21]工作的朋友RJ·蒂尼曼（RJ Thieneman）。康納的調查不只解開馬克杯的謎底，還挖出更多的職場黑料：

・大家一天到晚都在辦公室喝酒。我發現有人偷喝琳賽的威士忌時，和她本人一樣氣憤，因為那不只是她的私藏，是我們每個人共有的財產。

・大家工作時常常偷別人的東西。這是我第一次在辦公室被偷東西，但我覺得這一點點的委屈還比不上很多其他同事的創傷。

・這裡不像其他節目的工作環境，身為知名主持人的老闆一現身，員工就怕得要死。我們都不怕康納。

・我們願意把整個團隊的時間和辦公室資源，浪費在各種東西上，像是對消失的《應召舞男》馬克杯進行地毯式調查，還把過程錄起來。

我們的辦公室充斥著罪犯和酒精。康納的調查引起大眾的共鳴，我在打這段字的此時此刻，這部拍攝調查過程的影片在YouTube上的點閱率已經累積近兩千六百萬次。

這部影片是我第一次比較完整地在節目上現身，也讓人一窺我和康納在辦公室裡的關係。之前觀眾曾在紀錄片《康納·歐布萊恩永不止步》看過我們的互動，但這次呈現的是我們在工作時的對話方式。這也是唯一一部由我們拍攝但我爸媽不大想看的影片。自家女兒使用主打軟調色情的電視節目的馬克杯，這種事你當然不會想和朋友炫耀。不過那也不是我在辦公室裡唯一的《應召舞男》周邊商品。我把第一季六位元祖舞男的磁鐵都貼在冰箱上。誰都休想拿走我的磁鐵。

我離題了。

我寄出原先尋找馬克杯的信後，我們的一位編劇麥特·歐布萊恩（後來是我們節目的首席編劇）寄了這封信回覆我：

你的人生也太悲慘了吧。

確實很悲慘。這不是第一次有人用我的馬克杯，但會是最後一次。我真的好愛這種同事間沒用的垃圾話。

影片播出後，《應召舞男》的頻道Showtime電視網送了我12個《應召舞男》的馬克杯。兩年後，我真是三生有幸，在拉斯維加斯和《應召舞男》的布雷斯見上一面。諷刺的是，當時我和麥特·歐布萊恩的太太梅根·辛克萊同遊拉

斯維加斯，而居中牽線的人正是麥特。布雷斯本人真的很親切，我們聊了一個多小時，而且我不用付費。可見美夢的確會成真。

第三章

　　製作人翠西・金打電話給索娜，通知她大家已經準備好讓康納彩排了。索娜衝進康納的辦公室知會一聲。她才走進去，康納就問起她的工作進度。

康納：我要你找的東西有著落了嗎？

　　他故意模糊帶過。他知道索娜忘記是什麼東西了。這個卑鄙小人。

索娜：嗯，都沒問題。

　　索娜很不喜歡對康納說謊，一直以來也很少如此。不過現在她被傲氣沖昏了頭。

康納：真的嗎？我知道有人拿不太到。這次大家都抱持高度期待，誰都想看看。

索娜：喔，但我對工作得心應手而且人緣又很好，所以處理起來輕輕鬆鬆。

康納：那東西呢？

索娜：還在路上。

康納：索娜，謝謝你。感覺你真的能理解這個東西對我的重要性，還這麼快就把它弄到手了，我好為你驕傲。

哇，去你的。

索娜：當然，我很樂意幫忙。

康納前去彩排，索娜則坐在桌前。罪惡感瘋狂襲來，她坐在那兒猜想各種康納可能要求弄到手的東西。

好的，我們來想一下他喜歡什麼：

披頭四！她用Google搜尋「披頭四」，十億個不同的結果跳了出來。她傻傻盯著螢幕。接著她搜尋「披頭四」、「新東西」，又跳出十億個結果。這樣下去行不通。

小玩具！搞不好他要她找的是新的小玩具。可是為什麼小玩具對他會有特殊意義？他下訂單買來後再玩一陣子，之後不是會玩膩，就是會有其他事情要忙。

巴迪・霍利（Buddy Holly）[1]？是他的吉他、新的紀念品或書嗎？

書！聽起來很耳熟。康納要的是一本書。

什麼書？他喜歡什麼題材？謀殺！有謀殺相關的新書嗎？有哪本謀殺題材的書對他「負有重要意義」嗎？她用

Google搜尋「謀殺」、「新書」，但一看搜尋結果，半點重要資訊都沒有。

好，現在我們知道是一本書了。既然不是謀殺題材的書，那就是歷史相關的。美國歷史？世界歷史？啊……他幹嘛讀這麼多書？人是需要多少知識才能過活？

她用Google搜尋「歷史非小說」、「新書」。找到了。一篇《紐約時報》有關羅伯特·卡羅新書的文章瞬間讓她的眼睛亮了起來。這本書耗時十年完成，卡羅在這段期間謹慎研究，就是為了寫出極其考究的史書之作。

她打給節目團隊中負責接洽作家的預訂專員，詢問要拿到還沒出版的手稿是否很困難。

專員：我可以問問看，但東岸那邊的出版社已經下班了，就算還沒下班，因為聯邦快遞也在休息，所以東西最快下週才會送來。

接下來兩個鐘頭，索娜致電給每一位她認識的出版界人士，當然，中間常常穿插零食和小便的休息時間。休息還比打電話佔了更多時間。在東岸出版業可以助她一臂之力的人當日都已經下班了。要是早點開始處理，她搞不好輕輕鬆鬆就能完成任務。今天真的有夠倒楣。她不禁覺得這就是她應得的報應，早知道就把這份任務記下來了。她早就應該和康納坦白，問他要的是什麼東西。現在康納知道的話不只會生她的氣，更糟的是他會大失所望。她搞砸了。

權威

在康納和我的一來一往中，權威是個有趣的概念。他是老闆，也就是雇用我、發薪水的人，以及我最需要討好的人。我的工作完全圍繞在他交辦的事情上，目的是確保他能活得更輕鬆。畢竟我是他的助理，要協助他需要協助的事項。

但有時我做的事情完全相反。我常對他頂嘴，忘記在他的行程中新增事項，還會因為隨意糊弄他覺得重要的事而為他帶來困擾。我不知道我對權威的態度如何在我們之間墮落至此，但就是發生了。

我和權威角色一直都有著複雜的關係。在學校，我常常不顧老師在上課，和朋友嘻笑打鬧，所以我常常出入副校長的辦公室。有位老師因為我一直分心，後來氣到叫我坐在教室外面，要我把科學課本的內容一字一句抄下來。我常得留校察看、星期六到校輔導。有一次管理星期六到校輔導學生的老師，唸錯我的閨密的姓氏，結果他因為我糾正他的發音而氣得把我趕出教室。星期六到校輔導的進階懲罰就只有暫

時停學，但我的過錯又沒有嚴重到需要停學，所以當天我就直接回家了。其實我不是壞小孩，縱使我畢業這麼多年，很多當初處罰我的老師一提到我還是笑容滿面。我只是受不了受人指使而已。

等到我工作愈來愈上手，我對權威的敬重就消失了。這不代表我不再視老闆為有權威的角色，只是相處得愈來愈自在，我不覺得還需要像之前一樣奉承。

康納和我發生過的嚴重爭執中，其中一次就是源自我對我們相處模式的重新定位——他從權威角色搖身一變成為我的朋友和另一個哥哥。從那之後，我了解到要如何從中尋求解決方法，也認知到我們的工作就是要達成共同的目標。我要負責確保我們節目的主持人拿到他要的東西，以及他在正確的時間出現在正確的地點。要達成這樣的目標不需要我們維持典型的老闆和助理關係，只要努力達成就對了。

但我也漸漸對他產生對老闆的敬意。雖然有時他的舉止和我的小孩沒兩樣。

康納《今夜秀》的終結

康納被通知深夜時段的節目變動時，我在他手下已經工作將近一年。當時NBC考慮讓傑‧雷諾重回晚間23：35的節目時段。先前雷諾轉而主持晚間22：00播出的節目，但計畫失策，節目收視不佳。NBC考量他的合約，認為保留他的主持棒仍是比較符合成本效益，所以改讓他主持23：35開始、長達半小時的節目。這個時段正好和《康納‧歐布萊恩今夜

秀》強碰，如此一來《今夜秀》就得延到凌晨00：05才播出，抹去《今夜秀》字面上「今夜」的意義。

接下來發生的事是我的職涯中，最具啟發性、感動、挫敗和教育意義的事。

啟發性來自康納的粉絲對康納和節目本身的強力支持。康納的粉絲一直都很熱情，在我們最需要他們的時刻，他們全部挺身而出。我替他工作前就知道他的粉絲很多，但直到這次事件才曉得他有多受歡迎。

感動是因為沒有人知道事情會如何發展。我有很多節目的同事當初搬離紐約，落腳加州來做這檔節目，但現在節目的前途卻未明。我們也因大家給予的關愛深深感動，不只是粉絲，還包括NBC和媒體界朋友的相挺。

那段時間挫敗重重，因為在我為康納工作前，我在NBC公關部上班，而我猜新聞大量流傳的錯假資訊是由公關部提供的。一想到過去的同事現在捏造故事和提供不具名引述來詆毀我的新老闆，我就覺得非常不快。

另外，那段時間富有教育意義則是因為直到那時，我一直都沒接觸到電視圈的黑暗面。花花世界表面下無情的黑暗角落，我知道它的存在，卻天真地以為自己永遠不會目睹。當時我看到每天一起工作的同事選邊站。我也開始懷疑或許傑‧雷諾不是我想像中的好人。以前他總會吹噓自己沒有經理人和經紀人，但現在卻為我上了一課，讓我知道有經理人和經紀人有多重要。我不敢置信，一個主持《今夜秀》長達17年的人眼看這個節目被延後半小時，他能夠表現得如此無聲無息。他不也覺得這個提案很糟糕嗎？還是他為了保住自

己的節目，願意不擇手段調整節目時段？我都不知道要怎麼解釋這一切了，只知道自己感到失望透頂。

但我還是努力看向光明面。或許有人認為那段時間我最珍貴的記憶，是來自我們的粉絲、節目終結前最後兩週預做告別的編劇內容，或是最後出演的幾位名人滿溢的支持，讓《康納·歐布萊恩今夜秀》的結束餘韻猶存。

不過，我最珍貴的回憶和這些人事物都無關。康納的名字一再被提起而成為焦點後，記者就想要捕捉他在攝影棚外的身影，所以他們會在他家的街頭守株待兔。他不全然喜歡受到關注，尤其是在這種事業面臨高度不確定性的時刻。所以他請我載他去上班。為什麼選我？道理很簡單。因為沒人會想到堂堂康納·歐布萊恩，會在洛杉磯開著2007年福斯Jetta^{2}系列的白色車款。他說對了。整整兩週，我從巴沙迪納開到布倫特伍德去接康納，再一起開去上班。沒有半個狗仔知道他去哪了。車子直接穿越大群的記者，然後我會停在攝影棚康納的車位，一副人生勝利組的樣子，而他則是躲在後座以防被人看見。

另一個我最愛的時光是某個深夜，我們全都在等NBC和康納簽下分手合約。

康納的辦公室在走廊的一端，另一端是傑夫·羅斯的辦公室。中間是常用來開會的會議室，不過在那兩週，那是一間戰情室，供一群穿搭講究的律師漏夜和NBC談判。

最後一集節目結束的當晚，康納、我以及他多年的經紀人瑞克·羅森（Rick Rosen）齊聚他的辦公室。我們等著合約簽署完畢，當時的氣氛緊張到難以言喻。

我們沒事好做，開始亂轉電視頻道，突然剛好轉到那時最愛的節目之一——《壞女孩俱樂部》（*Bad Girls Club*）。

《壞女孩俱樂部》在氧氣網（Oxygen）播出，內容為記錄七位女性的生活。說得好聽一點……這些女生……情緒很容易波動。那個節目邀集七位女生住在同個屋簷下，拍攝她們生活的點點滴滴。這就是實境秀《真實世界》（*The Real World*）[3]，只是主角是七位脾氣差，但性慾顯然滿點的女生。她們會吵架、和陌生人親熱或相互親熱，一天到晚都在開趴。如果我能有個分身，她一定會是《壞女孩俱樂部》中的壞女孩。

我利用康納脆弱的時刻，作為當時追這部白癡實境秀的機會。康納、瑞克和我沉默坐著。他們思索著康納職涯的下一步，而我想著為何當時日落大道（Sunset Boulevard）上的馬鞍牧場餐廳（Saddle Ranch），居然和五年前我與朋友一起去時一樣爛。我們一起看著這七個女人爭執，還有和陌生人親熱，看了幾小時後，一位律師走進康納的辦公室通知是時候了。律師拿出分手合約給康納簽名。就這樣，康納結束和NBC超過16年的合作關係。

現在我看《壞女孩俱樂部》還是會不禁想起那個夜晚。我們一邊看著七個女人在好萊塢的酒吧相互叫罵，一邊和超強的經紀人等著老闆事業重要的一刻逝去。

那時我大可以鼓勵大家分享一下內心想法，或最好能讓康納和瑞克獨處。他們倆當時千頭萬緒，我很確定我坐在他們之間，還要他們看著對緩和氣氛只有反效果的節目實在毫無幫助。我明明可以做得更好。但哪怕是一秒鐘我都沒後悔

過，因為我超愛那個節目。

見總統

　　寫這本《世界上最爛的助理》之前，我總以為我的自傳書名會是「我在這裡幹嘛？」在康納手下工作這些年來，這個問題我問了自己百萬回。出席艾美獎時，我問：「我在這裡幹嘛？」；參與康納2010年的巡演時，我在私人飛機上自問：「我在這裡幹嘛？」；在聖地牙哥國際漫畫博覽會後台吃零食時，也在問：「我在這裡幹嘛？」。

　　會有這個疑問並不是因為我覺得自己沒資格出現在那兒，而是因為很久以前我就認定一件事，就是我不歸屬於任何地方。讓我來解釋一下。

　　我在洛杉磯的郊區長大，公立高中畢業後就讀社區大學，後來才轉到南加州大學。我爸爸的家境清寒，父母都是孤兒，家裡有六個小孩，在土耳其的村莊長大。他十幾歲時移民到美國，後來主理餐車事業，為洛杉磯市區的倉庫員工供應午餐。我媽媽來自伊斯坦堡，她的爸爸從12歲起就當起屠夫。她20歲出頭就移民到美國，過來的六個月後就嫁給我爸爸，全職照顧我和我哥哥。為什麼要和你說這些？因為能夠接觸和進入好萊塢、電視圈這些花花世界，只是偶然。我能為康納工作也是偶然。我還是不懂當初怎麼拿到這份工作。有時我的工作內容真的很酷，像是康納為他的Podcast節目訪問比爾·伯爾（Bill Burr）時，我就坐在伯爾的正前方。當下我真的忍不住自問：「我在這裡幹嘛？」

我不是名人的女兒，沒讀過洛杉磯盛名遠播的私立學校，從小到大的朋友大部分都不在娛樂圈工作。能夠經歷我至今享受的種種事物，不論從現在或未來看來，都讓人心動不已。我們為了Podcast節目，透過Zoom訪問泰德·丹森（Ted Danson）[4] 時，就算是線上訪問我還是嗨到不受控制。那只是線上訪問而已。我記得訪問結束、大家下線後，我還繼續傳訊息給自認為會想聽我說話的人。

可是有史以來最讓我受到星光衝擊的經驗，絕對是和兩位前總統比爾·柯林頓（Bill Clinton）和吉米·卡特（Jimmy Carter）的相遇。這和我的政治信仰完全無關，純粹是相遇本身的意義帶給我衝擊。身為大屠殺生還者的曾孫女，此時此刻我居然能和當年最叱吒全球的兩個男人閒聊。

吉米·卡特

我們在亞特蘭大準備進行為期一週的演出時，我見到吉米·卡特和羅莎琳·卡特（Rosalyn Carter）[5]。卡特中心（Carter Center）位於喬治亞州，老實說我真的不知道這場會面是如何成形的，但我就是莫名其妙地被捲進和吉米·卡特辦公室的電子郵件往來，協助安排康納和這位前總統見面。康納對美國總統歷史的了解勝過其他我認識的人，只要有機會和前總統見面他一定會好好把握，所以我們就動身出發了。

由於計畫僅安排卡特總統在總統辦公室會見康納，所以我陪同康納到那兒並向卡特總統的助理自我介紹後，就開始獨自參觀中心。

我看到卡特總統橢圓形辦公室的複製擺設，還有許多自執政時期保存至今的物品，像個觀光客到處逛逛，獨自消磨時間和了解歷史。那時我才理解康納為什麼對美國總統歷史深深著迷。我去過雷根總統圖書館（Reagan Library）和林肯總統圖書館及博物館（Lincoln Library），每位總統的歷史大不相同。某個瞬間我心想：「應該來看一本美國歷史的書。」但馬上笑了出來。我才不會去看那種書。

　　卡特中心很好玩，我也逛得很愉快。大約一個小時後，我回到之前帶康納前往的辦公室。等待康納結束會面時，卡特總統的其中一位助理問我想不想和卡特總統見面。我當下驚訝到目瞪口呆。

　　「我？你確定可以嗎？」

　　「當然可以！」沒想到吉米‧卡特為人這麼親切。

　　我一走進辦公室就說不出話來了。才看向卡特夫婦一眼，全身就僵住，接著做出平常太感動時我一定會做的事，就是哭。我哭了。這還不是那種默默流淚的哭，是那種眼睛會腫起來、聲音還沙啞的哭。我很確定當時我說了「我不敢相信能見到您」之類的話。他顯然深受感動，主動和我合照，還說我可以站在他旁邊。我好像又變回了少女，回到2011年小賈斯汀（Justin Bieber）的見面會。

　　我置身在那間位於喬治亞州的辦公室，身旁是前總統和前第一夫人，喜悅之情難以招架。還記得獲得第一份工作時，有人告誡我：絕對不要失去對工作的熱忱。我們很輕易就會掉入「我在這裡幹嘛？」的迴圈，也很輕易就會開始相信自己的作風始終如一。但你忘了十年前，自己曾在日落大

道的淘兒唱片行（Tower Records）外排上七小時的隊，只求見上喬治·麥可（George Michael）[6]一面。不過你從來沒成功，因為他見完整列戴有入場手環的粉絲後，就沒時間見現場排隊等候的粉絲了。更折騰人的是你排在隊伍的第二順位，可以看到大夥兒在唱片行裡和他共享歡樂時光。

總之，我絕對不會因為要接觸曾經處理過的事物而感到無趣，也絕對不會因此習以為常。每次看到卡特總統的新聞，看他徒手蓋房子或以90多歲高齡抗癌，我都會想到那個片刻，回憶起他明明不需要招呼我，但對我卻是何等親切。這提醒了我，我們常常看到有些人背負極致惡人的罵名，但實際接觸後才發現他們待人十分和善，因而感到驚艷不已。我很幸運能認識這樣的人並和他們一起工作。或許名聲會消逝，但人性的善良不會如此。

比爾·柯林頓

2016年，康納主持一場由柯林頓基金會（Clinton Foundation）舉辦、比爾·柯林頓以及雀兒喜·柯林頓（Chelsea Clinton）[7]出席的論壇。光是能從後臺看著，對我而言就很了不起了。雖然我只參與活動規劃的一小部分，我還是驚喜欲狂。那是基金會的年度活動「柯林頓全球行動大學計畫」（Clinton Global Initiative University），參與者為來自全國各地的大學生，利用一個週末相互認識和參與工作坊。活動本身非常棒，而這個論壇是活動最後的環節。

康納在這場柯林頓總統和雀兒喜的問答論壇表現出色。結束後我們發現大家都聚在剛剛舉辦論壇的展演廳外面。我

如何亂用公司卡卻不構成挪用公款

1. 獲得上述公司卡。

2. 先用來花小錢。

3. 再開始愈玩愈大。

4. 一定要隨意提起公事，這樣說是工作相關支出才站得住腳。

公司卡（續）

5. 若會計起了疑心，承認小筆花費並主動提出補償。

6. 先低調一陣子。

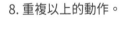

7. 再開始花小錢。

8. 重複以上的動作。

向後一看，發現一串人龍顯然在等待和柯林頓總統說話。我站在康納旁邊，還有我們數位組的組長史帝夫‧貝斯羅（Steve Beslow），以及我們的一位預定專員布里特‧卡恩（Britt Kahn）。我們站在原地，看著柯林頓走過來開始和康納聊天。我、史帝夫和布里特閃得愈來愈遠，好讓他們兩人保留隱私，但柯林頓總統卻一直靠過來，希望我們能加入談話。好幾個人就這樣尷尬地跳著圓形舞，像是龜速移動的人體龍捲風。

柯林頓執政期間弊端叢生，後來使他遭到彈劾的醜聞還令他的支持者大失所望。不過他擔任過兩屆總統是事實，還有就像前面說的，能夠見到這麼有影響力的人物，這種情境帶給我的喜悅不會因此改變。而且柯林頓總統在任時我已經出生了。因為我對他的執政時期仍保有記憶，所以他對我而言是格外具有意義的人物。他不是人而是漫畫人物，一個來自南方，會吹薩克斯風、咬著下唇的萬人迷。在台上問答結束後，我們在走廊相見的片刻，他才在我眼中成為人類。

雖然我根本不知道他在說什麼。我的思緒大概是這樣：

「喔，我的天啊！他是柯林頓總統本人。我好好奇住在白宮的生活。如果我住在白宮的話，我每個星期都會開派對。不知道住在那裡還能不能任意邀請別人來家裡玩。剛剛他在說什麼？為什麼他說了『灌溉』？我該留意他在說什麼嗎？如果他問我問題怎麼辦？喔不，他到時會發現我完全沒料，我只能瞎掰一下，祈禱內容對上下文糊弄過去。我也對阿肯色州（Arkansas）很好奇。小岩城（Little Rock）真的有小石頭嗎？這個地名的由來是什麼？他是小岩城最出名的人

物嗎？我是覺得不會有人比前總統更有名吧？我想這應該和尼克森總統（Richard Nixon）之於惠提爾（Whittier）[8]沒兩樣。我不敢相信居然有總統的故鄉小鎮和我長大的地方這麼近。為什麼眼前明明是比爾・柯林頓，我腦子裡卻是尼克森？不曉得希拉蕊（Hilary Clinton）會不會再出來選總統。我覺得她很有勝算。」

還有一堆東西。

不知不覺間，我們圍成一圈和柯林頓總統閒聊至少25分鐘起跳。長長人龍在我們身後等著見他，焦急全寫在臉上。後來柯林頓方的人過來打斷我們，他才結束對話和其他人互動。真希望那時我有仔細聽他說了什麼。

性別

我選擇了一個在性界線上醜聞一籮筐的行業。入行時我還天真無知，但後來只要我碰到我覺得不配做特定職位的女人，我會理所當然地認為她是一路睡上高位的。我不會加以掩飾，也完全不會因為我對某些女生有這樣的假定而感到抱歉。#MeToo運動爆發後，我仔細思量，才發現有些女性在娛樂圈受到的對待豈止噁心，更是濫權、犯法的作為。但在那之前，我是加害的來源之一。讓我震驚的是，過去我居然以為一些男性叫我做的事是業界常態，而我必須「克盡職責」。他們說想升職就得被騷擾。多愚蠢啊。下面幾則故事說的，是我深刻體悟到我作為女性，在娛樂圈扮演什麼角色的時刻，還有這些經驗如何形塑我對權威的印象。

關於性別角色的一門課

大學時，我堅持每個學期都要實習。當初一進到學校，我還沒打定主意要走電影還是電視圈。但去電影製作公司實習後，我發現電影產業的步調對我而言太慢了，電視產業那種近乎立刻湧現的滿足感比較合我的口味。在電影世界裡，前期製作可能永無止境、拍攝沒完沒了、後期製作看不見盡頭，結果最後成品就是一部兩小時的電影。我知道我漏了一大堆中間的製作流程，但管他的，反正我不在電影圈工作。

相對地，你可以花一個星期拍一集電視劇，然後下週播放，或以深夜電視節目來說則是當天播出。很刺激吧！話說回來，這和我要講的主題一點關係都沒有。重點是我在某次早期的電影製作實習經驗，就娛樂圈的性別角色學到慘痛的一課。

當時我19歲，獲得一家位於洛杉磯的獨立電影製作公司的實習機會。那是家小公司，所以他們要實習生負責很多事。有次公司的一位助理給了我一份劇本，作者是電影《洛基》（*Rocky*）其中一位製作人的女兒。他要我先讀一讀再講評，我便聽話照做。我和他都沒有很愛這個作品，所以他要我致電給作者，告訴她我們要過劇本。我不懂為什麼要叫我來打那通電話，就算我要負責的事特別多，感覺那通電話還是輪不到實習生來打。那時我還不知道「過」劇本就是不再採用的意思，所以我打了電話，和作者說我們在過劇本。這兩者的意思天差地遠。

她問：「你們在過劇本？」

「對。」

「天啊！所以會有製作人來讀囉？」

我滿頭問號又困惑不已，回答：「對。」

「太棒了！」我直接聽見她身後開香檳的聲音。

我冒著汗，說：「嗯，那會有人再打給你。我先去忙其他事。」

我知道一定出問題了。之前我和助理明明討論過這份劇本的問題，他怎麼還會要我打電話給這個女生，然後和她說我們在過劇本？還有，我們要和誰過這份劇本？他叫我打電話時我怎麼沒反問他呢？再來，我有什麼資格打那通電話？我才19歲，進娛樂圈工作還不到五分鐘，甚至還沒領薪水。我不懂為何助理找我去打電話，通知她我們會不會採用她的作品。這怎麼會是我的工作？不能叫我去跑腿買咖啡就好嗎？

我回去找助理，告訴他對方接到電話後的回應，結果失望之情大大寫在他臉上。去你的。到底為什麼要我去打那通電話？更慘的是，他要我再致電給作者，把誤會解釋清楚。那天對我而言根本就是人間煉獄。

我回撥給作者，通知她這個壞消息：我搞錯他們對劇本的審核結果，所以講錯了。我從頭到尾沒和她說我只是個對電影業不熟悉的實習生，當初會來這裡實習也完全是因為如此。真的沒有人要我去買咖啡嗎？當時我應該重新談合約的。

她收到消息後當然覺得很難過。講完電話，我只想爬進洞裡躲著。

好啦，我知道這個故事和主題沒什麼關聯，但我快要講

到重點了，先忍耐一下。

　　幾個月過去，我已經和公司所有人打成一片。畢竟那是間小公司，加上他們又指派很多工作給我（看得出來吧！），所以我頗有成就感。某次一位公司內的製作人問我可不可以去他的辦公室協助整理劇本，我馬上說好。我很想向願意回答上百萬個問題的人取經，同時也覺得沒有比整理劇本更適合向人請教的時機了吧？

　　我還沒開口問可不可以問他問題，他就說：「現在是個好時機，想問什麼就問吧。」

　　我雀躍不已，問道：「當初您是怎麼進電影製作這行的？」普通、好答的問題。

　　他回答了。

　　「您本來就想做這行嗎？」又是個普通、好答的問題。我丟的都是輕鬆的問題，而整個對話就是這樣進行的。他的人生導師是誰？他大學讀什麼科系？毫無創意的問題換來罐頭式的回答。直到最後，我問他對我有沒有什麼建議。

　　「女生想要在這個產業晉升，不是得比男生努力十倍，就是得是絕世美人。」

　　喔……慘了。

　　雖然那時我還很上進，但我很清楚自己是什麼樣的人。我不可能會比別人認真工作十倍。我只會付出剛剛好的努力，接下來手指交叉，祈禱我的魅力能繼續為我開路。但就算我做得到，我也不懂比男人努力十倍要怎麼量化。要先算他的工作時數再乘以十，然後每週做到這個時數嗎？如果他每週工作40小時呢？四百小時遠超過一週的時間，我怎麼可

能做得到？然後我什麼時候可以睡覺？我很愛睡覺耶。還是我去計算一位男同事的努力程度，然後再把它乘以十？怎麼算？努力要怎麼加乘？如果他需要半小時去取整個辦公室的午餐，我要怎麼做才能比他快十倍？實際去取餐有可能只花三分鐘嗎？如果有男同事很擅長接電話，怎麼樣才算比他好十倍？語調要比他快樂十倍？包容度要比他高十倍？如果接電話的人是我，他從來沒接過，我又要怎麼知道努力的基準點在哪？從任何角度看來，我好像都注定會失敗。

就外表而言，我一直都很滿意自己的外貌，但我知道我不是「絕世美人」。大概只有我爸媽、老公這個三人會這麼形容我。可是我媽覺得，應該說是認真確信，我哥長得像喬‧漢姆（Jon Hamm）[9]，所以我媽的評斷還能信嗎？連我的歌喉她都覺得很棒。這完全是該死的媽媽濾鏡。但很不幸地，我爸媽和老公都不是娛樂公司的老闆，所以就算他們覺得我很漂亮，對我能有什麼好處？他們顯然不能幫助我闖蕩好萊塢。

於是19歲的我對娛樂產業的想法就是——我一定會失敗。因為這位製作人專斷地設下這套規則——如果女生想在這個產業飛黃騰達，就得照著規則走。

最近我搜尋這位製作人的名字，了解他的近況，卻發現他將近15年都沒製作電影了。我想他可能得比其他製作人努力工作十倍，或是成為絕世美男。

我的屁股

那是個平凡無奇工作日。康納正在開晨會，還沒下去攝

影棚彩排。我像個大老爺一樣一心多用，在Netflix和Outlook兩個視窗間不停切換。我起身去廚房拿零食，事件就在那時發生。從我的座位走到廚房，一定會經過這層樓的大廳。辦公室專員就坐在那兒，為前來開會的人員報到。實習生也是由專員負責，所以大廳總是有實習生在遊蕩，等著上頭吩咐去跑腿。

從開始為康納工作到那時，我已經在幾部節目的影片現身過，所以我們的觀眾漸漸開始認得我。我朝廚房走去時，大廳有一位看來在等著和我們製作人開會的先生。他看到我然後大聲叫我。

「索娜！」

我轉身一看，是一位對我微笑還揮著手的老先生。我不知道他年紀多大，但感覺上他剛進娛樂產業工作時，對助理施暴和在桌下吸古柯鹼都還完全不成問題。他穿著輕便，白髮向後梳。

「嗨！」
（我熱情地向他打招呼。我就是學不會怎麼反應。）
「我是你們的忠實粉絲。」
「很開心聽到你這麼說。謝謝。」
「索娜‧莫夫謝相……你是亞美尼亞裔，對吧？」
「對，沒錯。和雪兒（Cher）[10]一樣。」
「或是和卡戴珊家族（the Kardashians）[11]一樣。」
「嘿對。」

（我和人講話時會假笑，笑到臉好痛）

「你不喜歡卡戴珊一家人嗎？」
「沒有，我對他們沒意見，只是更喜歡雪兒而已。」
「是因為你很忌妒金・卡戴珊（Kim Kardashian）[12]？」
「蛤？沒有，沒那回事。」
「那就對啦。你的屁股比她的好看多了。」

（我站在那裡沉默了片刻，臉上還掛著假笑。除了站在原地微笑，我不知道還能怎麼反應。最後，感覺上過了好久……）

「哈哈！你一定是在開玩笑。現在我要先去廚房一趟。」

　　他踩到我好幾個地雷。
　　首先，我的屁股絕對沒有比金・卡戴珊的好看。我親眼看過她的屁股，真的很壯觀。她有次穿著黑白相間的緊身裙，和姊妹一起上我們的節目，另一次上節目穿的是褐色緊身裙。兩次上節目她的屁股曲線都展露無遺，是絕世好臀。所以我自認有資格評論她的屁股。我的屁股不大也不小，就是一般的屁股，不結實還有很多橘皮組織，稱不上是好屁股。不要誤會，我的屁股不差，只是比不上金・卡戴珊的，更別說比她的好看了。
　　第二，這個王八蛋直接當著辦公室專員，和幾位當時

剛好在大廳的實習生面前，對我說這樣的話。因為被老男人評論我的屁股而在同事面前受辱，實在太丟人現眼了。拿別人的屁股說嘴本身就不適當，何況說的人還是看起來快要作古的陌生人，那更讓人毛骨悚然。但最糟糕的是，我知道新一代的實習生很願意大膽直言，而我當下就像個笨蛋傻傻站著，沒有替自己發聲。我沒有說：「你好大的膽子敢這樣對我說話。」或說：「我不准你再評論我的屁股。」只有溫和地應聲。我還意識到他說出口時，大家一定都看著我的屁股，想看看把金‧卡戴珊比下去的屁股是什麼模樣，但他們沒看到。什麼都沒看到。眼前不過是個可憐又可悲的屁股。所以這個王八蛋不只把我的價值貶低到只剩一個身體部位而已，貶低的工具甚至是我一點都不驕傲的部位。如果他是評論我的胸部，那就另當別論了。

最後一點，**當時是我的工作時間**，我一如往常要去廚房拿零食吃。他毀了我的零食時光，這個罪刑不可饒恕。走進廚房的剎那，我感覺自己很噁心，好像有人在所有同事面前把我的衣服扯光，還拿雷射筆射向我的屁股。我很氣實習生目睹了事發經過，但更氣他們看到我默默吞下對方的評論。

我離開廚房後，來到康納和傑夫‧羅斯辦公室的區域，和傑夫的助理回顧剛剛發生的事。康納聽到聲音後走出來，問我發生什麼事，所以我就說了。他本來在彈吉他，但我發現他的心思漸漸飄到別處。他看向我，說：「你想要我怎麼做？我不知道他在和誰開會，但我很樂意叫他走人。」我差點哭了出來。這是《雙男記》（*Tale of Two Men*）[13]吧，一個男的讓女人自覺一文不值，另一個男的卻想用權勢為她挺身

而出。那次事件給我的唯一收穫，就是在仍有許多進步空間的產業裡，我找到值得效力的好老闆。雖然還有部分的人活在過去，新一代思維進步的男男女女卻讓傳統勢力難以東山再起。

我看著康納，告訴他不用介意。其實我說的是：「反正那個混帳也快掛了。」那個男的和我們的一位製作人開完會後，我走進製作人的辦公室，告訴他那個男的說了什麼。這麼做是希望製作人不敢再請他來辦公室見面（後來奏效了），但有助於讓這位老先生發現自己行事作風的問題嗎？完全沒幫助。可是我覺得很爽。

別和同事約會

我在一間小電視節目製作公司擔任實習生時，有一位助理約我出去。那時我讀大二，我知道和他出去不太好，但因為他很可愛而且我覺得拒絕的話會很尷尬，所以我答應了。我想折衷的好辦法就是帶他和我以及我的朋友，一起去那個週末辦在羅克西劇院（Roxy Theatre）的演唱會。

我們在羅西劇院碰面，還一起看了演唱會，結束後跑去附近一家在日落大道旁的酒吧喝酒，後來還吃了一些宵夜。我們大概有五人，我早早就發現這個因為工作認識的男生不及格。沒錯，他是長得好看，可是他不大會聊天也不幽默。就算他開口，對我們的對話也沒什麼貢獻，好像話都是講給自己聽的一樣。吃完宵夜後，他陪我走去找我的車，但我斷然擋下他進一步的攻勢。下星期一去實習一定會很尷尬。

確實如此。

各個部門的員工有一個共用的通訊服務。我才一走到座位，他就傳訊息給我，先打聲招呼再準備開啟曖昧的對話。我們只距離幾呎遠，所以我在讀訊息時，他可以直接看到我的臉部表情。我的臉上既無笑意也無渴望，只有強力隱忍。這通常是壞的徵兆。為了實習順利，我知道我必須對他老實表達我沒有興趣。啊……但不是打開天窗說亮話……我和他說因為我們是同事，所以不可以繼續約會。其實對已經約過一次的人而言，這個藉口站不住腳。但我還是負責任地打下這則訊息，用辦公室即時通訊傳送給他。

　　自尊心驅使下，我當然會希望他覺得很受傷，然後苦苦哀求我再考慮一下。可是他沒有這樣。他連眼皮都沒眨一下。接著他問我，那天和我們一起出去的其中一位朋友是否單身，因為他想要她的手機號碼。他只是問問所以沒有什麼錯，但後來我在那間公司實習期間，他從來沒有請我協助他或他的老闆。他幾乎把我當空氣。我會傳訊息問他需不需要幫忙，而他只會回「不用，謝謝」或「不用，這邊沒事」。好喔。

　　從此我學到和職場的人約會是個錯誤。就算我們真的在一起但走不下去了，而我向對方坦白，我還是有可能會被排擠。那份實習很棒，但如果能在協助辦公室同仁的同時，不用因為怕一位玻璃心的助理礙事而提心吊膽，這個實習經驗會更精采。接下來做每一份工作，我都謹記這個教訓：人際關係很繁雜，混雜工作和感情的關係只會阻礙工作而已。

　　還有我的朋友對他也沒興趣。這位可憐的仁兄被拒絕了兩次。

大衛

2015年5月，我接到大衛・賴特曼的助理瑪莉・巴克萊（Mary Barclay）的電話，通知我大衛送給康納的禮物已經在路上了。那年大衛的節目即將迎來最後一集，康納為此在節目上向他致敬。為表謝意，大衛送了康納禮物。

她打電話來是為了讓我知道這個禮物很難收，還清楚表示它不是典型的禮品，屆時需要特別照護，也得先和片場知會一聲。這激起我的好奇心。我告訴我們的保全組長吉姆・史塔克（Jim Stack），待會有東西要送過來但我不知道裡頭是什麼。

常常都會有人送東西過來，從來沒什麼好大驚小怪的。送貨的人或包裹都會先在片場外過完安檢，我們才會帶進棚內。真想不到什麼東西會搞得這麼困難。

過了一陣子，入口駐紮的保全打電話給我，語氣透露著擔憂。

「你知道有康納的包裹嗎？」

「我知道，謝謝。你可以直接請司機大哥開來攝影棚。」

「沒這麼容易。」

「不容易？為什麼？」

「我們先通知吉姆。」

沒多久吉姆打來我的辦公室。

「是一匹馬。」

「什麼是一匹馬？」

「送給康納的包裹。那個包裹是一匹馬。」

「真的馬？」

「對。」

「我聽不懂。」

「有人送康納一匹馬，還送到片場來了。」

「我們要怎麼辦？」

「現在我們要想辦法卸貨，把牠帶到片場。」

「好。」

　　我走進康納的辦公室。我不想告訴他禮物是什麼，以免破壞驚喜，所以只說有大衛‧賴特曼寄的包裹，他得出去領。康納滿臉疑惑地走出攝影棚，來到旁邊的小巷。看到了。康納的喜劇偶像送了他一匹馬作為謝禮，一匹11歲、身形巨大、白棕雙色、名叫大衛（Dave）的馬。

　　我們呆站在原地。沒有人知道接下來該怎麼辦，所以康納做了他唯一可以做的事，就是騎上馬拍照。我們邊看邊摸這匹馬，幾分鐘過後才意識到，今天節目結束後一定得想辦法處理牠。與此同時，馬大衛回到原本的牧場，等著看牠的新家人善後。

　　我沒有要談康納的感想以及後來那匹馬怎麼了，畢竟我沒資格說別人家的故事。對我而言，最棒的一點是大衛的助理瑪莉張羅了所有事情。這就是助理的工作，如果老闆叫你「送康納一匹馬」，你就得想辦法搞定。

2009年6月，麥可‧傑克森（Michael Jackson）過世。那時我才為康納工作近六個月，我們還處於建立好關係的階段。每次康納要來辦公室時，他都會打電話知會我。那天交辦完日常業務後，他說有件事要拜託我。

「喔，最後一件事，我知道最近麥可‧傑克森走了，我希望能好好和他道別。你可以打給德魯（德魯‧尚恩，我們當時的公關），看我能不能私下瞻仰他的遺容嗎？」

「好的，沒問題。」我果決答道。我不清楚康納和麥可‧傑克森有沒有私交。他們有可能是朋友嗎？六個月不足以讓我知道康納和誰有或沒有私交，那我要怎麼知道這是不是合理的要求？當時我拿石頭砸了自己的腳，盡責地在筆記本寫下這個備註：

打給德魯：康納要私下瞻仰麥可‧傑克森的遺容。需要獨處時間說掰掰。

這次和很多要求一樣，尤其是我剛來不久接到的任務，就是我不知道要怎麼處理，只知道要處理好而已。所以我開始絞盡腦汁，思考要聯絡誰才能幫康納安排單獨瞻仰麥可‧傑克森。我老早就知道為名人工作會面對這種要求。我知道會碰到過去從來未交付過的任務。有鑑於之前看的電影以及許多助理和我的經驗談，我很清楚有時老闆就是會有奇怪的要求，我們只能想盡辦法達成。

康納和我的對話結束後，我開始腦力激盪。我該直接和麥可‧傑克森的團隊聯絡，還是要透過德魯？有人會讓公關

來經手這麼私人的要求嗎？如果康納和麥可熟識，他可能和傑克森家的其他人也很親近。如果我想辦法聯絡到珍娜・傑克森（Janet Jackson），會很奇怪嗎？為什麼康納的通訊錄裡沒有任何麥可的聯絡資訊？難道是化名登錄的？我不想拿這些問題勞煩康納，但要處理這麼私人的事，我可能還是得去一趟。換作是我要爭取時間和朋友的遺體道別，能避開愈多承辦公事的管道不是愈妥當嗎？

我還在思考下一步該怎麼走時，康納又打了過來。他首先交代幾項要我處理的節目相關事宜，然後最後拋下這段話：

「我剛剛想到，打給麗・布雷肯（Leigh Brecheen，康納的律師），問她我要怎麼做才能領養毯毯（Blanket）[14]。」

「麥可・傑克森的兒子？」

「對。」他的回答還把自己逗樂了。這些年來我才慢慢聽懂他在言談之間的語調變化，辨認出他是在開玩笑還是講正經事。現在這個要求實在荒謬到不可理喻。

「你在開玩笑嗎？」

他開始大笑，接著問：「你該不會也以為我真的要私下瞻仰他的遺容吧？」

我沒有回答。就讓他享受勝利的滋味吧。

幾分鐘後他走到辦公室，開始和大家說這件事。然後他看向我的筆記本。

打給德魯：康納要私下瞻仰麥可・傑克森的遺容。需要獨處時間說掰掰。

來來來，這就是我把他的話當真的證據。他拿走我的筆記本，開始秀給所有在場的人看。他真的很沒品。那一刻讓我獲得深刻的體悟：康納說的大部分都是玩笑話，而且他還很愛拿我做的東西來讓大家嘲笑我。我這才明白，當然跑腿或負責他的行程這些基本的助理職責對他很重要，但更重要的工作是為他提供節目段子的笑料。這些年我沒有被解雇大概就是因為我笑料百出。雖然我在其他方面表現不佳，但光是這點對他而言就價值無窮。

　　為康納工作的這些日子以來，我發現他不是那種會交辦不可能的任務的人。因為很多人都認識他也很喜歡他，所以要我幫他預訂知名餐廳、弄到門票售罄的演出的票、買到絕版品，這些都不是難事。康納要求的事，十次裡有九次都能毫不費力地完成。不過我們偶爾還是會碰到不認識他的人，而我喜歡的幾個場面就是由此而生。這些場面能讓康納務實一點。

　　有次我們在聖安妮塔賽馬場（Santa Anita racetrack）出外景，結束後我們到附近的購物廣場吃一家有名的餃子館，店名叫做「鼎泰豐」。（現在它已經是有名的連鎖餐廳了，不過它在美國的第一個據點就是這家，在這棟加州阿凱迪亞市的小購物中心裡面。）出發前我和康納說，這家餐廳有名到每次光顧都要排很長的隊伍。他臭屁地回：包在他身上。他自信地走到服務生小姐面前，說我們需要一張三人桌。那位小姐面無表情地看著他，告訴他要等45分鐘。我和我們的首席編劇麥特·歐布萊恩都很慶幸我們在現場目睹了那一刻。整整45分鐘，我們就站在那兒候位，時不時有粉絲注意到康

外在對話的藝術

駕馭各種基本反應。對話時，識別出老闆尋求的回饋。運用適當的表情及言語回覆，再自信滿滿地離開對話。

外在對話（續）

納，康納便會和他們在外面合照。一大堆人問他為什麼他需要候位，但他啞口無言。這要怎麼回答？要說「因為他們沒有認出我來」嗎？實在太搞笑了。

我們終於入座後，好幾位餐廳人員不是開始搜尋他是誰，就是看大家對他的反應就直接推斷他是名人，然後開始找他合照。這頓飯即將結束時，康納又重拾了名人身分。但他足足花了45分鐘呢。

反正重點就是，通常康納的要求都能輕鬆達成。我真的很感恩當初康納回撥給我之前，我沒有打給任何一位麥可‧傑克森的代表。要是我真的打了，我會留下無法撫平的創傷吧。

謀殺

就像我在前面提到的，大學一、二年級時我在一家購物中心的鐘錶行打工，讀了《螺旋溜滑梯》這本書。我個人很喜歡那個故事，加上我又是土生土長的洛杉磯人，所以特別有感。不過憑良心講，洛杉磯根本是謀殺迷的夢想境地。你可以開到桂冠街區（Laurel Canyon）的一棟聯排別墅，過去有四個人在那兒被人用水管毆打致死，史稱「仙境謀殺案」（Wonderland murders）。還有位於洛斯費利茲（Los Feliz）的凶宅，過去有個男的在那兒殺了他的老婆、用槌子攻擊女兒，最後再飲毒自殺。馬文‧蓋伊（Marvin Gaye）的爸爸射殺他的凶宅還屹立在那兒，妮可‧辛普森（Nicole Simpson）和羅恩‧高曼（Ron Goldman）被殺死時所在的公寓也還在。

康納和我分享他在看《螺旋溜滑梯》時，就發現我們對謀殺案有共同興趣了。我和他說我很多年前看過這本書，接著我們開始大聊這些讓人起雞皮疙瘩的命案。我記得那時我才來康納這裡工作沒幾個月，雖然讓我們深深著迷的是殘忍的命案，但我很開心我們已經找到共同點。

某天，康納結束節目錄影後還有拍攝，我們必須待得比較晚。當天稍早他已經把自己的車送回家裡，所以後來叫我載他回家。車子開到一半，康納發現我們在班乃狄克峽谷（Benedict Canyon）附近。查爾斯・曼森（Charles Manson）的邪教組織就是在那兒殺了五個人，包括當時懷著好幾個月身孕的莎朗・蒂（Sharon Tate）。那時我們覺得開到「天堂大道10050號」（Cielo Drive）去看幾眼是個好點子。你知道的，好的點在於我們可以藉此培養感情。

我們搜尋那棟房子原本的地址，到了卻發現建築物已經被拆毀，連地址都改了，就是要避免看熱鬧的民眾或著迷於謀殺案的人前來，例如康納和我。

那棟房子位在班乃狄克峽谷邊緣的小巷，路上沒有太多車。因為車子開在那兒很顯眼，所以我們開往那棟房子時，把車頭燈關了。康納戴上棒球帽以防被發現。我們的車速還慢得詭異。

我們到了。兩個人深夜開車到洛杉磯最有名的謀殺案的案發地點，車速極慢而且頭燈沒開，乘客還戴著帽子以免被發現。我相信有很多民眾會過來看一看，所以我不懂為什麼我們要弄得這麼可疑。就在那時我突然想到，要是有人報警，結果警察來了之後發現康納・歐布萊恩在知名的凶宅前

駐足，那要怎麼辦？TMZ會怎麼下標題？

歡迎來到洛杉磯！
康納‧歐布萊恩與不明女子
深夜暗訪「曼森血案」事發地

對，我知道我不該一直抱怨，但當我為康納工作一陣子之後，發現每次我都被稱作他身邊的「不明女子」。如果我們搭的飛機墜機，新聞標題會是：

舉國哀悼
深夜秀主持人及喜劇天王
康納‧歐布萊恩墜機逝世
（現場另有一位不明女子身亡）

如果我們不知道怎麼回事，共同研發出治癒癌症的藥，新聞標題會是：

拯救生命造福世界
康納‧歐布萊恩發現癌症通用解藥
喔對，一位不明女子曾協助研發

如果一台公車竄起大火，我們救出了裡面的小朋友，我救了33位，而他一位都沒有：

本日救世主！
搞笑深夜秀嘴賤系主持人康納‧歐布萊恩
救出公車惡火全車受困兒童
為履歷添上「英雄」美名
一位無路用的不明女子也在現場

　　大部分時候我不會在意被當作「不明女子」。今晚，我
把自己的車開到比佛利山莊附近的安靜巷道，坐在車裡，看
著老闆下車查看連接一棟凶宅的車道，宅內曾有三名冷血凶
手奪走五條無辜性命，還造成一名嬰兒胎死腹中。要是真的
被抓到，我想沒人認出我並不是壞事。這份工作我才做了幾
個月，還在揣摩康納是什麼樣的人還有我的職責所在。我從
來沒料到造訪知名命案的案發地也是我的職責之一。但願這
是唯一的驚喜。

　　有次我們去華盛頓特區出差，回去飯店的路上經過福特
劇院（Ford's Theater）。康納停下車要讓我們看看亞伯拉罕‧
林肯（Abraham Lincoln）被暗殺的地點。他說明中槍地點在
哪裡、林肯被送去哪裡救治，還有幾分幾秒被宣告死亡。康
納對這起暗殺事件的細節了解之深，連福特劇院的解說員聽
了都會自慚形穢。

　　我們曾去達拉斯（Dallas）舉辦為期一週的表演，當時
我們參觀甘迺迪總統被暗殺的事發地「迪利廣場」（Dealey
Plaza），還有「第六樓博物館」（Sixth Floor Museum），歐
斯華（Lee Harvey Oswald）就是在這裡開下決定性的一槍，
終結這位飽受愛戴的總統的人生。我們順便參加導覽。康納

在途中經常跳出來提供額外資訊，這些內容連以熟知這起暗殺大小事為業的導遊都不知道。

我們在墨西哥城拍攝《康納無國界》旅遊特輯時，康納造訪了托洛斯基博物館（Leon Trotsky Museum）。這間博物館保存了一間房間，是列夫‧托洛斯基（Leon Trotsky）被一名男性以攻頂冰斧重擊後腦勺，差一點斷氣的地方。雖然當下托洛斯基撐過了那一擊，隔日還是難敵傷勢而身亡。康納在那兒買了一個印有托洛斯基臉譜的鑰匙圈，現在還掛在他的牛仔夾克上。

說來也奇怪，這鑰匙圈居然是我最欣賞康納的其中一點。

他對歷史瞭若指掌。在哈佛大學讀書時他讀的就是歷史，從那之後他對這門學問便一直懷抱熱忱。你不能只用康納在電視界的發展來定義他這個人。我覺得很多名人都任由工作來定義自己。我看過很多人耽溺於名氣，不覺得需要將觸角伸向別處，跳脫自己的形象、培養對演藝世界外的興趣。但康納不同，走訪南北戰爭的戰場和採訪約翰‧李斯高能帶給他同等的快樂。嗯……這樣講好像太牽強了，畢竟康納很愛約翰‧李斯高。總之，康納持續閱讀和學習新知。我就不一樣了。這是我們人鬼殊途的主要原因之一。歷史是很有趣啦，但如果其中沒有色色的性愛場面，那還有什麼看頭？針對這點我得道歉，因為這本書裡沒有惹火的性愛場面。

話說回來，曼森血案的凶宅已在1994年被拆毀，住址也已經改了，所以我們不可能依循泰斯‧華生（Tex Watson）、

蘇珊‧艾金斯（Susan Atkins）和派翠西婭‧柯倫溫科（Patricia Krenwinkel）的腳步，爬上大門附近的路堤。但康納實地探查一番回到車上後告訴我，他認為史帝夫‧拜倫特（Steven Parent）要逃離建物卻被華生射殺時，當時他所在的車道還存在。他和我在車裡，伸著脖子仔細勘探這條巷道，病態地沉迷於40年前發生在那兒的事件。雖然很奇怪，但那是拉近我們之間距離的重要時刻。

後來幾年，我會買著名謀殺案的書送給康納，作為生日禮物或聖誕禮物。我也會和他分享有趣的文章，認識現代新出現的恐怖謀殺案。這些是我們之間的小樂趣。

2017年，我和老公及幾位朋友踏上阿拉斯加（Alaska）郵輪之旅。某天晚上大家在船上享用晚餐時，頂上的廣播系統突然傳來訊息，打斷我們用餐，內容是召集船上保安和醫護人員馬上到郵輪的九樓。我們有點擔心，但並未憂心到停下享用眼前罪惡的大餐。加上船上預定的謀殺魔幻秀就是在那時演出，所以我們猜測或許這則神秘廣播和表演有關。

其實無關。

隔天早上，我們原定要遊覽美麗的阿拉斯加峽灣，但醒來時卻發現我們停在朱諾（Juneau）的港口。船長用廣播系統告訴我們糟糕的晨間消息，通知行程的更動：

「各位女士先生，這是船長廣播。很遺憾告知各位，昨晚船上發生家庭爭執事件，一位來自猶他州（Utah）的女士身亡。由於當時船艦位於海上，因此本案會由聯邦調查局（FBI）處理。偵查期間，我們會停靠於港口。」

謀殺案。就在郵輪上發生。

沒多久，郵輪的活動總監廣播：

「大家好，這是活動總監廣播。船上原定的所有活動將會照常舉行。」

在去吃船上下午茶的路上（船上我最喜歡的活動），我想到對這件事會感興趣的人——康納。我坐在桌邊一如往常享用我的司康、小三明治和糕點，開始寫信向康納描述這起郵輪謀殺案。我覺得自己好像阿嘉莎‧克莉絲蒂（Agatha Christie）[15]。

案件的細節慢慢浮上檯面，我和朋友隨時掌握著最新消息。一對來自猶他州的夫妻和家人一起搭乘阿拉斯加郵輪，其中包括他們的三位女兒。某天晚上他們回到房間，太太向先生表示她想離婚。先生一怒之下把太太痛毆致死。幾年後這位先生認罪並獲判30年有期徒刑。但結局不算大快人心，他並沒有服滿刑期，而是在他的上訴被駁回後不久，就被發現陳屍於牢房。官方未公布死因。

只要有新消息，我就會把文章寄給康納。他對這起案件很感興趣，但也因此震驚不已。我希望有人可以讓我排遣想法，找出天理不容的行為背後存在的一點邏輯。這輩子能有對象一起討論犯案動機，讓案件藉由抒發感想變得合理，或者至少將實際的案件幻化成未曾發生的故事，真的很幸福。

康納常會開玩笑說他覺得自己會被謀殺。如果我殺了他，然後40幾年後，一位助理和他的老闆開車來到案發地，豈不是很有意境嗎？這感覺上就是我們兩人一定會步上的結局。以上就是我未來的認罪口供了。

為什麼康納不能開除我

你可能有個疑問，為什麼助理都寫了一本名叫《世界上最爛的助理》的書，裡面還提到自己幻想某天要殺害老闆，但這名老闆卻還繼續聘用這位助理呢？答案很簡單，因為這位助理已讓自己變得不可或缺。不是在辦公室的日常工作上重要到不可或缺，我的意思是老闆想要開除她時，會迫於恐懼而收手的不可或缺。康納開了小道讓我進入他的世界，於是我就地取材，變成必不可少的角色。以下是康納永遠不可能解雇我的原因。歡迎你習取這些伎倆並應用於工作上。

一、如果你能獲取老闆的財務和／或個人資訊，請默默把它背起來。我記下康納的社會安全碼和駕照號碼，還有所有重要的信用卡卡號。就算我被開除當然也不會想害他信用不良或偷他半毛錢，但光是我「可以也可能」會這麼做，就能讓康納心生恐懼。

二、這些年來，我幾乎把真實的自己都攤在康納面前了。我和他的親朋好友也很親近。我處理康納交辦的事情時，可能會出現漏網之魚，而且漁網的破洞很大，像聖安德列斯斷層（San Andreas Fault）錯動產生的裂縫一樣大。不過，他的朋友或家人請我幫忙時，我都能快速又有效地打點好。我計劃讓對康納而言重要的人都相信我有出色的工作能力，用意在於哪天若他要開除我，周遭的人都會覺得他瘋了。他們會說：「她做得超級好耶。」還會問：「為什麼會想不通，叫

這麼認真的員工走人？」我可能會被開除，不過這麼一來別人會把他看作神經病。很多康納的朋友都在娛樂產業工作，只要我裝無辜寄封簡單的信給其中幾位，就會讓康納顯得蠻不講理，而我就能得到一份新工作了。

三、康納有點抗拒新科技。這些年以來，每次他需要下載應用程式或創一個帳號，都由我包辦。因為職位的緣故，我必須能夠使用他的電子郵件和其他帳號。他的所有密碼我都一清二楚。如果我被開除，以下就是我對手上資訊的做法：

電子郵件：設定休假時的自動回覆郵件，在裡頭摻雜不適當的用字。然後改掉密碼，這樣他才不能及時救火。接下來會寄信給他的所有聯絡人，對他們惡言相向，搞壞他的人際關係。

iTunes：下載各式成人影片到他的裝置再改掉密碼。

特斯拉：遠端遙控他的車再改掉密碼。

我再重申一次，我不是匪類。我不會真的幹出這些事，但就像前面說的，這個「可能性」還是存在。假若他從沒想過這回事，本書的這個段落就可以提醒他：我是辦得到的。

四、或許你會好奇， 他是否能直接輸入電子郵件來找回密碼。他的許多網路帳號或應用程式都需要我的電子郵件才能尋回密碼，就連他的手機門號都掛在我的名下。所以康納這個人在網路上根本不存在。

五、康納會在電子郵件裡消遣我。我一直在彙整這些證據，

為往後勢必到來的官司做準備。以下是部分內容（百分之百真實呈現）。

　　第一封是康納寫給好朋友麗妮特（Lynette）的信。當時我們要去紐約進行一週的演出，在那之前麗妮特寄信給康納，表示她想來其中一場的錄影現場。他的回覆如下（完整呈現他如何「以消遣增強工作動力」）：

寄件者：康納・歐布萊恩
日期：2016年10月18日　星期二
收件者：麗妮特・C
副本：索娜・莫夫謝相
主旨：康歐布紐約行
我11月第一週就會到紐約了。我們第一場演出會辦在萬聖節當天。不知道到時我的行程如何，但你一定要來，一定要碰個面。索娜到時會打點好所有事，好像她確實是我的助理一樣哈哈哈哈哈哈哈哈哈哈哈 😈

　　下面這封信是康納時不時傳給我的垃圾話的絕佳範例。以前我開玩笑說過，他對我說的話有九成都是垃圾話中的垃圾話。

寄件者：康納・歐布萊恩
日期：2018年8月16日　星期四
收件者：索娜・莫夫謝相

主旨：行程

剛下飛機。你可以到我家幫我做一份玉米芯墨西哥捲餅嗎？

索娜‧莫夫謝相　於2018年8月16日寫道：

我可以打給金（Kim）叫她在廚房檯面放一瓶La Croix氣泡水和一些杏仁。

歐布萊恩　於2018年8月16日寫道：

我沒在說笑。你開過來，然後要帶一瓶洋蔥莫西托（Mojito）、一副杏桃乾做的眼罩，還有一幅柴契爾夫人（Margaret Thatcher）的肖像畫。

　　以下也是「以消遣增強工作動力」的例子，驅使我繼續做著這份工作。不過我得替康納說句公道話，我的回覆確實很欠打。

寄件者：康納‧歐布萊恩

日期：2014年12月31日　星期三

收件者：索娜‧莫夫謝相

主旨：問題

今天是我的名字第二次登上《紐約時報》填字遊戲的題目。

索娜‧莫夫謝相　於2014年12月31日寫道：

好驚訝喔，我以為你已經問他們為什麼不出你的名字問三次了。

歐布萊恩　於2014年12月31日寫道：
你知道哪個詞是由三個字組成，頭是王、尾巴是蛋，意思是「康納的助理」嗎？

下面這串郵件往來的背景，是他要我幫他弄到一個東西，但進度比預期還要慢，然後我們兩人的火氣都上來了。這個情況很常發生。

寄件者：康納・歐布萊恩
日期：2015年2月6日　星期三
收件者：索娜・莫夫謝相
主旨：地毯
　　每次碰到約翰他都問我你訂的地毯到了沒。
　　每次我都說：「就我所知還沒。」今天他說之前他寄了一封信給你，但從來沒收到你的回覆。我和他說你吸了很多大麻，結果他笑了。好好笑。
　　那張地毯到底在哪裡？

索娜・莫夫謝相　於2015年2月6日寫道：
請告訴大家我會嗑藥嗑到神智不清。讓陌生人知道我的這一面真好。

歐布萊恩　於2015年2月6日寫道：

他以為我在開玩笑所以才笑得出來。每次我說我的助理會嗑藥嗑到暈，還會在上班時間看《鑽石求千金》（*The Bachelor*），大家都以為我在說笑，不會想要檢舉你。

下面這封信不是對一封或兩封信，而是對三封信的回覆。我寄給康納全部的聯絡人這三封信，是為了通知大家他換了新的手機號碼。我寄第一封時誤植舊的號碼，寄第二封時打錯區碼，最後到第三封才完全正確。我那一連串的信收到了幾則回信，以下是康納給那些回信的回覆。

寄件者：康納・歐布萊恩
日期：2015年6月23日　星期二
收件者：L・門多薩（L. Mendoza）
主旨：回覆：手機號碼
賴瑞（Larry）你不懂啦，兩年前我才教她英文。現在她還以為辦公室的電話是撒旦的看門狗，下雨天還會吃大蒜外加在停車場跳旋轉舞。

下面又是我們白癡的郵件往來。

寄件者：康納・歐布萊恩
日期：2015年4月1日　星期三
收件者：索娜・莫夫謝相

主旨：今天
我們今天要錄兩場，待會我想去散步一下，應該可以
吧？你們手上如果有節目段落的筆記，或許可以先傳給
我？

索娜‧莫夫謝相　於2015年4月1日寫道：
可以，想回來時再回來。我會請製作人傳筆記給我，之
後再傳給你。

歐布萊恩　於2015年4月1日寫道：
棒。我五點回來。

索娜‧莫夫謝相　於2015年4月1日寫道：
蛤……等等。呃你五點前就要給我回來。

歐布萊恩　於2015年4月1日寫道：
管很多。

　　接下來這串郵件往來沒什麼大問題，只是進一步凸顯康
納和我有多不同。〔這串對話的幾年之後，我們拍了一次外
景節目，內容是康納、我以及我的朋友一起去看脫衣舞男電
影《舞棍俱樂部XXL》（*Magic Mike XXL*）的午夜場〕

寄件者：索娜‧莫夫謝相
日期：2012年9月13日　星期五

收件者：康納‧歐布萊恩

主旨：林肯

丹尼爾‧戴‧路易斯（Daniel Day Lewis）飾演的林肯
電影的預告片：http://www.youtube.com/watch?v=
qiSAbAuLhqs

歐布萊恩　於2012年9月13日寫道：

謝謝，好期待快點上映。它是我心目中的《舞棍俱樂
部》。

以下的對話可以看到康納再次好心地表示，我是非常有
價值的員工。

寄件者：索娜‧莫夫謝相

日期：2014年10月16日　星期四

收件者：康納‧歐布萊恩

主旨：你看這些腳踏車

看起來超讚，但如果騎在洛杉磯的路上你就死定了。

歐布萊恩　於2014年10月16日寫道：

嗯哼，搞不好我就是那樣死的。

索娜‧莫夫謝相　於2014年10月16日寫道：

拜託不要。沒有其他人會雇用我。

歐布萊恩　於2014年10月16日寫道:
我們終於有共識了。

　　沒錯,這些對話一大部分顯露我們兩人有失專業,不過他可是老闆,責任在他,對吧?除了老闆本人,還有誰能定調工作上的專業標準?話說回來,我當然不會想害他信用不良或偷他的錢,或利用這些電子郵件舉證來告他職場霸凌。不過我其實做得到。這個隱含的事實無時無刻不在空中迴盪。我可能一發火就在康納不知情的狀況下,開始遠端控制他的車。這乍聽之下很搞笑,但也很可怕。
　　我相信他總有一天會找到辦法把我從他的人生抹去,但在那之前,我會在我的桌前好好欣賞電影。

第四章

　　索娜坐在桌前玩著道具組的朋友比爾送她的禮物，一隻會大便的玩具馴鹿。將雷根糖放入馴鹿，它會搖搖尾巴再把雷根糖拉出來。索娜的心好累，不知道要怎麼向康納解釋她今天幾乎都在耍廢，要不是吃東西，就是模仿英國皇室的口音和朋友通電話，然後完全忘了他交辦的事項。

　　一位實習生進來送信。索娜開始攀談。

索娜：你有認識的人在出版業工作嗎？
實習生：什麼？
索娜：我說出版業。你爸媽有沒有朋友在出版業工作？
實習生：喔……呃……我叔叔很喜歡看書。這算嗎？
索娜：不算。但喜歡看書很棒。
實習生：對啊。還有什麼需要我幫忙嗎？
索娜：沒了，謝謝。

　　實習生帶著疑惑溜走了。索娜開始翻找剛剛送來的信，

心想：或許粉絲來信可以分散康納的注意力？就這麼辦！她會藉此讓康納的自尊心爆棚，這樣他就無暇顧及她還沒拿到該拿的東西了。

第一封信來自羅德島（Rhode Island）的一名男粉絲。

康納你好：

　　我在YouTube上看到你的船型醬料碟與燈塔的短劇。這封信是想告訴你，我在真的燈塔裡工作，你不能隨便拿燈塔開玩笑。雖然醬料碟是船型的，但那不代表要搭配燈塔使用。我奉獻生命確保船隻知道要往哪開，但就是有你這種人破壞我們認真工作的形象。去你的。

好的，起頭不太順利呢。

第二封信來自內布拉斯加州（Nebraska）的一名女粉絲。啊，那是美國中心耶。

康納：

　　哈囉，我是來自內布拉斯加州諾福克市（Norfolk）的一位國中老師。我在看你星期二的節目獨白時，發現你誤用了Who這個字，實際上要用Whom才對。以下是Grammarly網站提供的觀念解說，供你參考：

　　Whom用於指稱動詞或介係詞後的受詞。若有疑義，試試以下的簡單技巧：若該字彙可以he或she代換，用Who。若可由him或her代換，則用Whom。

　　Who用於指稱句子的主詞。

Whom用於指稱動詞或介係詞後的受詞。

　　哈佛畢業生應該知道這兩者的差異才對，不過我也可以理解，畢竟獨白笑話的稿並非由你獨自撰寫。

　　　　　　　　　　　　　　祝你有愉快的一天
　　　　　　　　　　　　　　一位中學英文老師上

　　Whom和Who是這樣用的？索娜覺得自己像個蠢蛋。一直以來她只有裝模作樣時才會用「Whom」。

　　給我專心一點！

　　還有幾封粉絲信，但卻沒有一封天花亂墜到能轉移康納的注意力，無法察覺索娜今天闖的禍。康納這麼想要那本書，到時看到索娜畏畏縮縮走進他的辦公室，告訴他不只書沒到手，她還因為大半天都在瞎混所以先前完全忘了他要什麼，一定會覺得自己預言神準。

　　索娜正將粉絲信移開桌面，此時突然看見一個包裹。她看向上頭的標籤，寫著「卡羅」，寄件住址在紐約。她心頭一顫，接著扯開包裹。是羅伯特・卡羅新書的試印本。寄件者甚至是羅伯特・卡羅本人。書上的字條寫道：

康納：
我想到你是我的鐵粉，應該會想要新書的試印本。

　　　　　　　　　　　　　　祝身體健康
　　　　　　　　　　　　　　羅伯特

索娜坐在那兒，覺得自己……贏了？不，不是。很幸運？不，也不是。覺得老天有眼？什麼？為什麼會覺得老天有眼？絕對不是這種感覺。她只是覺得……很開心。

她拿著那張字條和書，放到康納的桌上。

過沒多久，康納結束節目錄影，直接走回自己的辦公室。索娜坐在位子上，深深吸了一口氣，接著聽到他大喊：「什麼？！」

康納走出辦公室，詢問索娜是如何辦到的。她怎麼直接聯絡到羅伯特·卡羅，讓他當天就把未出版的書的印本連同親筆字條寄過來？

這種時候索娜要麼笑納這個名不符實的誇獎，要麼據實以告。

索娜：我說過我工作起來得心應手而且人緣又很好啊。

她毫無羞恥之心地說。

康納：我欠你一個道歉。有那麼一瞬間我真的以為你忘了我交代的事，但現在看你完成任務，我真的對你刮目相看。
索娜：不要這麼客氣，這是我該做的。

她邊說著，心中卻無半絲悔意，根本就是個心理變態。

康納走向別處，而索娜仍在原位。這個沒有良心的混蛋。

但願上述情況真的發生過。索娜為康納工作這麼多年

來，發現自己很不會對康納說謊。所以實際的情況是這樣：

　　康納走出辦公室，詢問索娜是如何辦到的。這種時候索娜要麼笑納這個名不符實的誇獎，要麼據實以告。

索娜：不是我做的。他早就寄出給你的印本，剛好今天寄到而已。之前我說包裹正在路上是騙你的。我忘了你要我幹嘛，但又覺得再問你一次會被你取笑，笑我每次都忘記你交辦的事情，所以我沒有問，想說我遲早會自己想起來。結果我真的想起來時已經來不及了。我坐在位子上覺得自己好失敗，但那時信件來了，而羅伯特·卡羅送你的書就在其中。我做的唯一一件事就是把包裹拆開，再把書放到你桌上。然後我就坐回位子，祈禱你不要問我是怎麼弄到的。

　　康納站在原地，點著頭。他愛死這個來龍去脈了。混帳東西。

康納：那你今天都在幹嘛？
索娜：看了一下電視，去找艾莉卡，然後打電話給她，模仿伊莉莎白女王和菲利普親王的口音和她對話，還去了廚房很多次找零食吃。
康納：你今天很有生產力嘛。
索娜：不要這樣。
康納：不，我是認真的。聽起來你今天做了很多事。
索娜：好啊，隨便你。反正現在你要對我用被動式攻擊就對了。隨你開心。

康納：哪有，我完全沒有那個意思。你今天做的這些事需要付出很多努力。我真的好幸運能有這麼高生產力的助理。

索娜：如果你創造出一個我能安心問你需要什麼，不用怕你會取笑我的環境，我的生產力搞不好真的會很高。

康納：你說的對，我不應該要求你和全世界的助理一樣要用筆記下待辦事項。

我們鬥嘴鬥個沒完。有人走進來要和康納說話，但一聽到我們的對話就翻了翻白眼，直接走了出去。這個狀況常常上演。

壓力

　　我不是那種會因為壓力大而崩潰的人。其實我根本沒試過壓力大到崩潰。六年級時，我的老師哈克特女士（Mrs. Hackett）說：「萬事都有解決之道。」不知道為什麼，這句話深深烙印在我的腦海裡，所以面對任何可能帶來壓力的事情，我都能置身度外。總會有辦法解決的。或許會有人想到。

　　但有時我可能太敷衍了事了。

　　我幾乎不會神經緊繃，不過康納卻有為小事緊張兮兮的基因。我可以不屑一顧，他卻想確保事事周全。我覺得人生苦短，何苦糾結枯燥乏味的細節？可他就是醉心於細枝末節。

　　偏偏我的工作就是需要顧及那些平淡無聊的細節。

　　如果我不注意小細節，康納參加活動時就會困惑地四處亂走，對要穿什麼、要去哪裡或什麼時候到都毫無頭緒。他也不會有車子接駁，行李還會落在別的城市。我盡力不讓他淪落到這種境地。

　　康納和我有過幾次大爭執，其中一次吵的是他的新車的配件。他購入一台車，但收到消息說有個配件要到下半年才

買得到。幾個月後他碰到一位買了同款車的朋友，而這位朋友已經買到那個配件了。康納問我怎麼一回事，不解為何我們從未收到到貨通知，也不懂為何我沒有持續追蹤。

我找了幾個藉口，整件事就如滾雪球般演變成激烈爭執。當然他不是氣沒買到配件，他是對我不在乎貨到了沒而生氣，還有我沒有追蹤貨品進度。我還和他說（用滿輕率的語氣）：那只不過是個配件而已，沒什麼好大驚小怪。這樣不以為然的態度讓事態愈演愈烈。我應該直接道歉，才不會落得當時的情況，為了早就洩漏端倪會演變成大事的小事爭執不休。

這就是我缺乏壓力的問題所在。我做事總會出紕漏，康納和我的爭執點便由此而生。以前我都會置之不理或隨便說個「對不起」。我知道他想要我對工作上心一點，我也知道這樣對我們彼此都有利，但我就是做不到。

年輕時我還會因為出紕漏或辦事不力而失眠。但長大之後我卻發現大人自然會犯錯，只要我們能認錯、釋懷，在我眼裡犯錯就無傷大雅。

所以我不會過度緊張。我會深呼吸，設下底線，然後就是生活度日。你可能會想：「索娜，還好你不是外科醫師也不是機師。」說得好啊，不然我一定會鬧出人命。

日常的一天

你可能會好奇我平常上班在做什麼。我很樂意就擔任名人私人助理的日常一天，向您仔細報告。哇，聽起來真是光鮮亮麗！

早上10：00　抵達辦公室。

早上10：05　到廚房用散裝茶葉泡一杯好茶，再裝一碗燕麥片或奶油乳酪抹醬的貝果。廚房有誰就和誰寒暄。

早上10：30　回到位子上開始好好享受茶和麥片或貝果。

早上10：45　寄信給幾個朋友，主旨是：「午餐吃啥？」

早上10：45～11：15　大家為午餐要吃什麼爭執。

早上11：15　訂午餐。

早上11：20　決定誰要去取餐。

早上11：25　清楚交代實習生要為午餐拿什麼佐料。（餐點不會在15分鐘之內送到，所以時間充裕）

早上11：30　首要之務是搞定取餐實習生回來的車位，這樣到時就不用等實習生找到車位再送餐上來。

　　康納抵達辦公室，但抵達時間或多久前抵達都不明。他也有可能一直都在辦公室裡。

早上11：35　向康納報告。他問起早上的狀況，我回答早上滿愜意的。

中午12：00　列印本日填字遊戲和數獨的題目。數獨有簡單、中、難三個版本，若三者都完成，就可以向人宣傳自己獲得三連勝。

中午12：15　有位助理將節目獨白的笑話稿放到我桌上。因為我在一邊做簡易版的數獨題目一邊計時，所以稿子我動都沒動，以免受到干擾。

中午12：18　做完簡易版數獨。有骨氣的數獨玩家都會在三

分鐘內完成簡易版，接著再挑戰中和難兩種版本。全部完成稱作三連勝。

中午12：30　午餐來了。

中午12：45　吃飯時東張西望，發現獨白的笑話稿還在我桌上。進康納辦公室直接將稿子交給他。他說稿子太晚送來了，我說那要怪編劇。

下午1：00　康納收到通知下去彩排。

下午1：05　社交時間。去找坐在座位隔板後的同事閒話家常，聊聊大家午餐吃什麼，相互交流意見。

下午2：00　回到座位。終於開始回覆郵件。

下午2：30　因為覺得無聊所以到廚房找零食吃。在零食前站了一會兒，思考要吃哪一種。

下午2：50　出去散步放鬆以慰勞自己。

下午3：15　巧遇在別的節目工作的朋友，攝影棚就在附近。搭朋友的高爾夫球車遛躂還有閒聊。

下午3：30　到康納的更衣室和安迪、傑夫・羅斯以及編劇進行開演前的會議。

下午4：30　節目開演。我會在待機室或我的座位上，邊玩填字遊戲邊看播出。

下午5：00　節目結束。

下午5：30　節目後會議結束後，康納上樓回到辦公室，詢問有沒有新的訊息。我說沒有，但卻看見我的手機閃了一下紅燈。希望康納沒看到。我知道今天我沒有完成半點正經事。我竭盡所能說服康納今天一如往常，沒什麼勁爆的事情發生，還暗自祈禱真是如此。康納走進自己的辦公室。我打

平凡的工作日

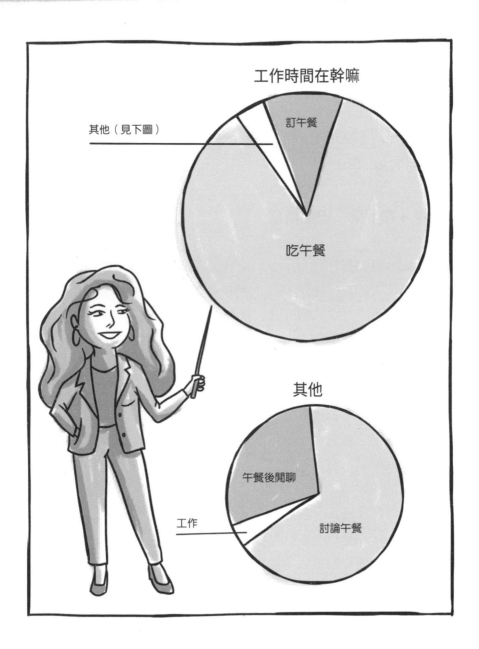

工作時間在幹嘛

其他（見下圖）

訂午餐

吃午餐

其他

午餐後閒聊

工作

討論午餐

開信箱確認真的沒有什麼大事、急事和重要訊息。通常是不會有。我辦到了，我成功辦到一丁點實質業務都沒處理，還沒受挨罵，這顯然是託職業道德零分的福。我還成功降低周遭的人的標準，低到他們就算在寄信給我的好幾個小時內都未收到回覆，也不會因此抱怨。我今天也吃太多了，多到我告訴自己明天要開始戒掉零食，甚至可能要自己帶便當。然後恍然大悟我辦不到，對缺乏意志力的自己心生厭惡。

下午6：00　回家。

丹尼＋珍妮佛·安妮斯頓

　　我的哥哥丹尼（Danny）給我為這份工作預做準備的磨練可是無人能及。在這26年的磨練期間，面對逗弄、嘲笑和所有哥哥可能對妹妹的折磨，我都在學習如何接招。

　　以前我躺在沙發上，他就會拿枕頭放在我頭上再坐在上頭，直到我叫他走開的聲音減弱才會收手。高中時，丹尼是我們美式足球校隊的防守前鋒。我站在我家房子外面時，一不留神，他便會就美式足球的守備位置，衝過來然後擒抱。其實他擒抱的就是我。我自認他們球隊當季能全勝零敗算是小小拜我所賜。有時在車裡，我會叫他不要再碰我的手臂，他就會把手縮回兩公分遠處，說：「我沒碰啊。」甚至還會莫名其妙對我發火。我們看完《刺激1995》（*The Shawshank Redemption*）後，他開始叫我亞歷山大（Alexander）。那實際上是「笨蛋」的意思，源自戲中一個人物唸錯亞歷山大·仲馬（Alexander Dumas）的姓，把「仲馬」唸成「笨蛋」

（dumbass）。丹尼的毛病就是用我爸媽不准許他使用的稱呼來叫我。就算我終於忍無可忍要爸媽教訓他，他們也只會笑笑地說：「那是他愛你的表現啊。」他們就是這樣縱容我哥。

康納和我有類似的相處模式。比起老闆，他還更像我的死敵。我們倆都巴不得在對話時爭個輸贏。錄製Podcast時，有幾次我們原本還聊得好好的，但突然間想要佔上風的愚蠢戰鬥魂卻洩漏了出來。有段時間我們還很愛玩鬼抓人。有幾回康納會在節目開始前把自己關在廁所裡，以防我抓到他。我們有一條「五分鐘規則」，如果我限時五分鐘內抓不到他，他就贏了。真是笨到極致。我就此浪費好多時間，過去和現在每每提起這些事，我甚至還會感到慚愧。為了不讓這位脫口秀傳奇人物追上來抓住我的手臂，我會趕在他開始獨白橋段前抓到他並大喊：「最後是我碰到你，你是鬼！」完全體現蠢的意涵。不過一次次的勝利都讓我更堅強，就如同每次我佔了丹尼上風一樣。

我和我哥哥迥異到不行。我在高中時的朋友各有所長，交友圈裡有校刊的圖文編輯、演話劇的同學、前啦啦隊員，還有不算受歡迎但也不太邊緣的普通小男生和小女生。依照我一位朋友的說法，大家要不是討厭高中，就是把高中視為一生中最棒的時光。當時我告訴她，對於我和我的朋友而言，高中介於兩者之間，那四年有歡笑也有尷尬的時刻，但絕不會就此定義我們的人生。我是非常平庸的學生。大學入學測驗（SATs）我考了1,080分，我記得當時看到的平均分數是1,000分，而我重考一遍的分數和之前一模一樣。其中有些科目是A，大部分是B，還有一些C。我直到上大學才認真念

書，開始執著於成績。我想要證明雖然我的帳面成績平平，但我在其他方面可以一展長才。高中的我原先表現普通，不過升上大學後我開始用功念書，還參加能讓我的履歷脫穎而出的課外活動。

丹尼和我完全不同。他上大學後加入兄弟會，也沒有像我一樣對成績戰戰兢兢。他很小的時候就確定未來想做什麼了，而且出乎意料的是他想走金融業。我有一張小時候拍的全家福，裡面有我媽媽、爸爸、祖母、祖父、曾祖母、丹尼和我，齊聚客廳。那天看起來並不是特別的日子。相片裡我們穿著輕便，唯獨我哥哥穿著西裝，一臉正經直直站著。那時的他一定不超過十歲。

他從小的夢想就是在金融業工作，所以他努力的目標很鮮明。這一路以來的專心致志，讓他在大學畢業前就找到工作，從那之後便飛黃騰達。而我就是那種古怪的手足，一心想在電視圈工作，因為讀私立大學而欠債，畢業後第一份工作是打工性質的妹妹。我們的差異造成雙方之間巨大的分歧，但這也是我愛我哥哥的一點。長大之後，我們的情誼因為我們的不同而更加堅固。

珍妮佛‧安妮斯頓（Jennifer Aniston）來上我們的節目時，我給了哥哥一個超級大好康，邀請他來看現場錄影。

小時候我們全家會一起看《六人行》。從那時丹尼就種下對珍妮佛‧安妮斯頓的愛苗，不下千百回用「完美」來形容這位小姐。她是丹尼的理想型，縱使《六人行》完結，好一段時間她還是他對完美女人的定義。大家都知道這件事，連丹尼的太太露西（Lucy）也知道。所以當我們敲定珍妮

佛‧安妮斯頓上節目後，我第一位傳訊息的人就是丹尼，而他馬上答應要來看現場錄影。我很開心有機會讓哥哥來看我的工作實況，還有讓他親眼見到他的「完美女人」。

如果我送出現場錄影的票，我會給對方貴賓室的通行證或安排他們到待機室，後者是對我的家人和好友的特享待遇。丹尼和露西提早下班一起來錄影現場，和我在待機室碰頭。入場時有人帶領他們入座，而結束後他們在離開前回到待機室和我道別。我這輩子最慘澹的經歷就在那時發生了。

珍妮佛‧安妮斯頓待完整場節目，準備要離開時，丹尼、露西和我在待機室裡。當時我們三人靠在她的更衣室牆外的櫥櫃旁，聊聊近況和剛才的演出。此時珍妮佛‧安妮斯頓走出更衣室，全身上下頂著超凡美貌，旁邊跟的是她的經紀人。她腳步輕盈向我們走來，準備邁出待機室的門。行進之間她突然抬頭看又將視線下移，然後又抬頭看了一眼。她對著我旁邊的人微笑。恕我直言，那是曖昧的微笑。接著她用一根手指，打趣地將她那一絡絡健康的招牌秀髮從臉上拂去。一個急轉後，她就不見人影了。

我目睹她抬頭一眼、調情微笑和撥弄頭髮，而且做的人還是珍妮佛‧安妮斯頓。為什麼我會覺得她在調情呢？首先，沒有人能躲過調情專家的法眼。以前我也會在酒吧用那樣的眼神看男人，而上次我這麼做的對象，現在已經和我結婚了。那個微笑和她撥弄頭髮的方式，就是讓我覺得在場一定有位非常幸運的男士。

我隨即看向她微笑的方向，眼前居然是我的笨蛋哥哥，他的臉上還印著大大的微笑。就是他，原來就是他。他就是

她撥頭髮的對象。我快吐了。

他看向我們說：「你們剛才有看到嗎？」

我快速往露西那兒看去，祈禱她沒看到。如果只有我看見，我就能撒謊說那沒什麼大不了，或者說我剛剛都在看別的地方所以沒看到。露西也希望我沒看見，但當我們發現對方都目睹了相同畫面（靠心電感應），我們就知道沒得裝了。唉……我們內心充滿恐懼，並不是杞人憂天啊。

丹尼在感恩節晚餐提起這件事。

在我們的家庭海灘日也要提。

在我們兩人通電話分享近況時也要提。

有時他和朋友出去會打電話給我，要我幫忙為這則故事作證。要是露西和我沒見證珍妮佛‧安妮斯頓打趣地對著我哥哥撥動頭髮，他就只會是期望漂亮女生能注意到自己，進而亂編一堆有的沒的的男人。但他不是。我就在現場目睹一切，真痛恨自己無法否認。

為康納工作的生涯中，我從來沒碰過類似的情況。或許一個眼神微不足道，但讓丹尼無法自拔的是那一眼帶來的可能性。如果當下他的太太和妹妹不在現場管住他的下半身，事情會怎麼發展？要是他向她說了什麼，而她回覆了這份心意，他有沒有可能成為她的最愛之一？

不過，那一眼也可能沒有任何意義。假設他向珍妮佛‧安妮斯頓笑回去再搭訕幾句，但她禮貌地讓他打退堂鼓，日子終究會回歸正軌。不過，作為妹妹我最無奈的一點是真相永遠不得而知。那一眼可能有別的意思，而這個可能性是存在的。我哥哥會趁我還沒坐上晚餐餐桌就把我的菜夾光，但

或許珍妮佛‧安妮斯頓覺得這個男人很帥氣。他會在沒經過我的同意下不知羞恥地用我的美髮產品，但全世界數一數二的大美人可能認為這個男人值得她的微笑。真是讓我作嘔。以前他從美式足球隊練習回來可是會把襪子丟到我身上，但作為有史以來可說是最受歡迎情境喜劇的女演員，珍妮佛‧安妮斯頓居然可能對這種男人有興趣。她的前夫可是布萊德‧彼特（Brad Pitt）。布萊德‧彼特耶！小姐，別傻了。所以我選擇的解釋是，她只是待人很親切而已，那些動作沒有其他意思。只是問題在於我並非完全篤定，而她確實對我哥哥有興趣的一丁點機率，是他滔滔不絕的動力。

這個經歷會成為我永生永世的惡夢。我和丹尼80歲時，他會告訴他的曾孫這個經歷：有次他在電視節目錄影現場，一位影史上數一數二美麗的女演員曖昧地向他微笑。然後他解釋完電視是什麼東西後會看向我，說道：「索娜姑婆可以作證。」我會在一旁心裡想著，早知道就帶他去貴賓室了。

臨時上陣的節目來賓

《矽谷群瞎傳》（*Silicon Valley*）本來是我最愛的電視劇之一，但自從他們的拍攝時程害劇中演員庫梅爾‧南賈尼（Kumail Nanjiani）不得不臨時取消來上我們的節目，我就再也沒看過這部了。為什麼？因為多虧庫梅爾臨時取消，我必須代替他做當晚節目的來賓。

當天早上我們就聽到庫梅爾可能無法準時到棚錄影的風聲，但一直到開演前30分鐘，我們的團隊才收到他要取消錄

影的正式通知。那時我和傑夫‧羅斯、麥特‧歐布萊恩、麥克‧史威尼在康納的更衣間，他們正絞盡腦汁思考要如何填補節目的時間。康納異常地冷靜，而這從來都不是好預兆。他們要我離開更衣室好讓他們有點隱私，但我覺得莫名其妙，討論節目內容需要什麼隱私？我有不祥的預感。

我坐在休息室的沙發上打發時間，一如往常地吃著起司。我吃的是外燴平時都會提供、誘人的陳年高達起司（gouda cheese），還有我喜歡的伯森牌起司（Boursin cheese）。這些起司只要搭配對味的餅乾，就能讓我的嘴巴爽到飛天。我還發現有時只有我一個人享受起司盤，陷入起司世界而出神，沒發覺自己獨自一人就把20人份的起司盤解決。真是尷尬。我沒照著正規禮節，先拿取適當份量的起司和餅乾，再盛到個人的小盤，反而直接用了和主菜盤大小相當的大淺盤，好像起司抹醬、餅乾、水果和其他抹醬都是供我獨享。但我沒忘記在女童軍學到的禮儀。我會用外燴提供的小塑膠夾，從餅乾堆小心取出一片餅乾，再拿小塑膠刀把份量多到不健康的起司放到餅乾上，最後粗暴地塞入迫不及待的嘴裡。通常我會擔心當晚來賓看到我的起司狂熱發作，不過今晚根本沒有來賓，管他那麼多？

我在狂塞食物時，傑夫從康納的更衣室走出來，叫我去化妝。他只下了指示，沒有解釋原因和背景。我乖乖照做。那時我自主忽略擺在眼前的事實，或者是起司鈍化了我的感官。反正我很喜歡在更衣室給化妝師化妝，所以我就開心地去了。我自認知道要怎麼畫眼影，但直到專業化妝師一畫，才恍然大悟原來自己只是拿著眼影刷的野獸。

我坐在椅子上等待梳妝完畢，這時我們的一位監製JP・柏克（JP Buck）走進來，如同進行預先採訪一般開始問我問題。接著JP終於說出我內心的恐懼，就是要我代替庫梅爾成為今晚的節目來賓。真是謝天謝地，那天我有洗頭。

　　我沒有什麼趣事可以談。我不有名。我也沒有事先準備搞笑素材。我穿著牛仔褲和白襯衫，沒有半件性感的衣服可以轉移觀眾的注意力。我不知道要和康納說什麼，也對要做什麼完全沒有頭緒。我們的藝能關係專員艾琳・吉爾曼（Erin Gillman）把我的名字寫在便條紙上，然後貼在一間更衣室外。我坐在裡頭看節目頭幾段的播出，祈禱康納和觀眾多耗一點時間，耗到完全不需要我出場。康納炒熱氣氛的能力無人能敵，我想只要他主持得夠起勁，我的問題應該就迎刃而解了。我甚至覺得挑現場觀眾作為節目嘉賓是個很棒的點子。感覺很有趣耶！我一定會收看！

　　你可以想像有人進來幫我別該死的麥克風時我有多害怕。我真的要上台了。

　　我知道這一刻是某些人畢生的夢想。坐在康納・歐布萊恩和安迪・里希特（Andy Richter）[1]中間，是我所想到最能讓這一行的新秀熱血沸騰的事。但我不是什麼新秀。我只喜歡一邊在更衣室吃起司，一邊看別人的夢想成真。

　　我還是會感到熱血沸騰，但問題是我覺得自己貢獻不出什麼內容。每天開演前的會議我都坐在安迪旁邊，所以要我在節目上坐在他旁邊完全不成問題。我們樂在其中，開不得體的玩笑、大笑，害會議開得斷斷續續。但現在我必須小心不要逞口舌之快，說出讓我的家族上上下下丟臉的話。

我一出場時還很緊張，但聽到第一個笑聲後就平靜下來。我發現我沒有什麼包袱。就算我表現得很糟也不會有人在乎，反正我下台後就只是上樓回到我的座位而已。如果一切順利，那也沒問題，下台後我還是得上樓回到座位。我不斷告訴自己，表現差或好都不會改變我的人生。要是我在當下太戰戰兢兢，節目的步調就不會是我喜歡的樣子了。我就是一直告訴自己：「你又不是在比全國演說大賽的決賽。」全國演說大賽的決賽真的很可怕。畢竟那是我多年努力的決勝點，我當然很在乎。但這不一樣。

我敢掛保證，如果他們早點敲定讓我上節目，我一定會瘋狂擔心外表的各個細節：要穿什麼呢？指甲要擦什麼顏色？頭髮要做什麼造型？該穿得輕便一點還是要正式點呢？不過這次臨時代換免除了這些焦慮，所以我才能專心地站在台上，和兩位我信任的人享受美好時光。因為我沒有時間焦慮，所以我不能焦慮，而且我也沒有半點潛在的損失和期望。那次節目後過一陣子，我接受《綜藝報》（Variety）簡短的訪問，協助他們撰寫一篇有關康納和Podcast的文章。他們問我登上康納節目的心得，以下的文字引自那篇文章：

「沒有下次了。」她這麼說道。「因為大家的期望很低，所以我的表現才算好。隨便抓一位助理來上節目，只要他沒有緊張到吐在自己身上，你就會覺得他很厲害了。」

上台的時光很快就過去了。我問現場的一位觀眾身上有沒有大麻。不久前康納才在獨白段子提到這位先生。我還

講到有次我傳訊息給康納，告訴他我的狗在嘔吐，結果他以為我說的是我自己。（我的狗叫做Oki。我傳給康納的是：「Oki吐了而且還到處大便。」但他看錯訊息，以為我打的是：「Okay，我吐了而且還到處大便。」）訪問橋段結束前，我起鬨讓觀眾大喊：「買房給她！」因為我剛才趁機問康納可不可以買棟房子給我和先生。我比原先預期的還享受整個過程。回到休息室時，我一踏進去，在場看了剛才訪問的同事都為我鼓掌。感覺真棒。我喝了香檳又吃了更多起司。接著我打給家人，通知他們我上節目了，到時可以收看。最後，就只是上樓回到我的座位。我不知道別人怎麼看或有沒有人在乎，可是我知道雖然我早就認定這段台上時光不如全國演說比賽重要，但它仍有一定的份量，而我也好好完成了任務。

我的車

我的車向來都是我的心頭肉。它們都不是昂貴名車，只能讓我好好地從A點到達B點而已。我一直都是福斯Jetta女孩，從我拿到駕照到我發現這系列的車確實不是好車，開的都是福斯Jetta。

我和許多洛杉磯的年輕人一樣，滿16歲就去考駕照。駕照上的照片是考完大學入學測驗後不久拍的，那張照片醜到之後好幾年我都心神不寧。我拿出證件給酒吧保鑣查驗時，他們一看到駕照照片馬上面露尷尬。照片裡的我有微笑，但只能隱隱約約看到我戴了有夠多年的牙套。隨便綁了一個

包頭，彈出一搓亂亂的捲髮。身上還穿著不合身的連帽運動衫，讓裡面不合身的T恤看來更顯眼。整體就是一團糟。

扯遠了。

1998年，我開的第一輛車是我爸的1992年福斯Jetta。我爸是為倉庫員工供應午餐的餐車總經理，只要他的車出問題，便會請倉庫的技師修理。如果一開始鑰匙插進去車子就發不動，只要按下黏在方向盤左側的某個按鈕，就可以開了。這很弔詭，連向我借過這輛車的朋友都覺得弔詭。如果車子還是發不動，後車廂還有一支球棒，可以拿去敲引擎特定的位置來發動。車裡還總是放著一瓶備用的抗凍劑。我爸很愛惜車，但那就是台老車。上頭的里程錶早就壞了，顯示的里程數只達30萬英里。車上無法收聽FM的電台，我們完全只能聽AM的節目，但我也因此認識了迪士尼廣播網（Radio Disney）。我拿到駕照後，比我爸更常開那台車，這對車子而言顯然是凌遲。從我開始駕駛它算起，它只撐了兩年多，然後某天就在車道上突然起火。真的是「突然起火」字面上的意思。它停在車道上，引擎卻突然無緣無故燒起來。雖然我們及時撲滅火勢，沒有造成更大的傷害，但那輛1992福斯Jetta就這樣退場了。

不久後，我爸媽驚喜地送一輛1997福斯Jetta二手車給我。這是我很喜歡的車款。我爸會叮嚀我，確保我有做好車子的基礎保養，像是換機油或定期檢修。不過後來它還是出了毛病。有次我把CD放入CD播放器，結果它再也沒有退出來了。有些車門可以解鎖但有些不行，不過哪個門是好的還是壞的，每次都不一樣。有時車子的天窗會關不起來，我只

能祈禱那天不要下雨。幸好我住在洛杉磯，所以沒有下雨的問題，但小偷的威脅倒是一直存在。

這輛車一直害我提心吊膽。它的變速器我換了……兩次。我開這部車大概來到第七個年頭的某天，我從爸媽家開去上班，結果它在途中發出怪聲，從車底傳來類似金屬拖拉的聲音。後來我回爸媽家，當天就借了我媽媽的車，並把我的車鑰匙給她。她開我的車去附近上瑜珈課。車子回程爬上陡峭的坡地時，我媽覺得車子應該突然爆胎了，結果她一下車，卻看到一個輪胎連同輪圈邊彈邊滾下山坡。她穿著瑜珈服、帶著瑜珈墊，站在原地求救。後來有人看到她，但並沒有停下車幫忙而是報警。警察到場後，我媽解釋了事情的原委，他們還主動要載她回家。因為她是平民，所以必須坐在後座，也就是犯人坐的地方。她還穿著瑜珈服呢。

我爸發現我幾乎不顧他的三催四請，沒有為車子做基礎保養時，簡直氣壞了。把車子操到壽終正寢明顯是我的錯。我把我媽的車開回爸媽家後，得知晴天霹靂的消息，就是我得買一輛新車。這些年來開著這部Jetta，我和它之間產生了一定的感情，畢竟我曾開著它去大學上課、去我的第一間公寓、去數不清的約會，還有參加很多活動。當我把它折舊換新，購入一輛2007年Jetta時，我還難過到啜泣。

這輛車和前面兩輛不同的是，它是全新的車，而且費用還是全由我自己出。開了好幾年後，我真的對它產生了愛。擁有一輛車讓我很驕傲，不過同樣地，它也有一些問題。康納就在此時登場。

我的車會不斷出現新的毛病，例如：車內燈永遠關不

掉、太陽眼鏡盒就是合不起來、電機系統總是故障。還有車頂的絨布嚴重脫落。我常常得去汽車修理廠處理這些問題，都快把我煩死了。

2018年，康納和編劇覺得讓康納和我一起線上購車一定很有趣，所以我們做了一個企畫。我們拍了一場外景，基本上就是康納花大概六分鐘亂搞我的車，然後再上我們的合作企業汽車交易網Autotrader的網站，看看有哪些拍賣的車。

康納一邊嘲笑我的車，一邊扯下我的太陽眼鏡盒、拔掉車內燈組的燈泡、把雜誌塞到車頂絨布脫落後和車頂間產生的破洞。攝影機把這些都錄下來。拍完之後，我們的外景製作人傑森·琪萊米（Jason Chillemi）過來幫忙，修理康納在車上亂搞的成果，但他修不好。我還以為我們團隊可以修好所有康納弄壞的東西，尤其是私人財產。不過我在車內緊緊握著我的太陽眼鏡盒，了解到這輛車再也修不好時，就坦然接受了事實。我的燈泡沒得換了，後座搖搖欲墜的車頂絨布也壞得更誇張了。我的車本來就爛得和屎一樣，拍完這段節目後，它變成更沒用的屎。

拍完那場外景兩個月後的某日，我開在伯班克往格倫代爾（Glendale）的134號高速公路上，陷於洛杉磯的車陣中。我記得本來因為大塞車所以車子動彈不得，但當我踩下油門要加速前進，車子卻一點反應都沒有。驚慌失措之下，我先把車打到空檔再推到路肩。高速公路的車對推車可不友善。我打電話給我先生，邊哭邊說發生什麼事：我的破車Jetta不能加速而且沒有動力。他過來接我，接著我們把車拖吊到附近的修車廠。結果那兒的技師說要修好就得花五百美元。

（我早就該注意到他不對勁了。他剛才完全忽略我的存在，只看著我先生解釋車況，好像這台他媽的爛東西不是我出錢修理的一樣。）從車廠取完車的隔天，一模一樣的事情又在高速公路完全相同的路段上演。這次我直接把它拖吊回我家，清一清車內的東西、說完再見後，我就把他吊到距離最近的二手車經銷商CarMax，用七百元賣掉了。

看過那段節目的粉絲和我們接觸時，好奇地問康納後來是否買了新車給我。他們還以為他是歐普拉（Oprah Winfrey）[2]呢。康納買了，不過他也把被動攻擊的風格發揮到極致。康納買給我的車就是在節目上開箱的那一台。那是一輛噁心的本田汽車（Honda），車內看起來好像發生過命案，而且他花了五百元購入，但我個人認為四百都嫌多。對我而言，這段節目不只提醒我自己有多不會養車，更提醒我過去擁有這些車時，我開著他們達成什麼里程碑。剛入手我的2007年 Jetta之際，我是NBC的專員，而我終於要把它報廢時，我在和它拍照，向康納的大批粉絲更新近況。

我現在開的是起亞（Kia）的Niro車系，一輛契合我的需求又可靠的混合動力車。等之後租約到期，我要換成迷你廂型車，畢竟現在我是兩個孩子的媽了。以後若懷念起過去，我會重看我們錄的喜劇片段，不只用來緬懷2007 年Jetta，也緬懷在它之前所有的Jetta，回顧我在這座城市的生命足跡。

康納的Podcast

2018年某日，康納叫我進他的辦公室小聊一下。他告

訴我他要製作一個Podcast節目，希望我能擔任節目的固定班底。我不好意思自稱是他的共同主持人，畢竟困難的工作都是他在扛，我只是在旁邊放鬆，然後在最適當的時機插話而已。我好像不該揭露自認對Podcast節目貢獻很少，這樣就沒有加薪的籌碼了。但我能大膽地說我從「世界上最爛的助理」變成……「世界上最爛的搭檔」？不知道啦。我只知道因為我不是喜劇專家，所以當初我對上Podcast節目感到很焦慮。

當我簽約成為康納的助理時，我想都沒想過會以某種形式參與節目製作。當時我理所當然地以為，我最多只會在他手下工作五年，之後就會換工作。但12年過去了，我還在這兒。康納邀請我一起錄製他的Podcast，帶給我同等的喜悅和恐懼。不過想一想……我可是演說比賽的冠軍呢。

我知道之前我在書裡提過這件事了，但就算我總共提了一次或兩次，還是少於日常生活中我每週提起的次數。你可能會問我是什麼時候奪冠呢？2003年的春季。但索娜，那不是將近20年前的事嗎？蛤？對啊。沒錯。這麼久以前的成就還拿來炫耀，不是有點不要臉嗎？嗯，這話說的也沒錯。

但我覺得現在是來談談這項成就的最佳時機。此時此刻，所有認識我或甚至只和我認識十分鐘的人已經開始在翻白眼了。這麼多年來我哥和康納已經聽膩我拿下全國演說冠軍的故事，所以我完全能想像他們一發現接下來要講的又是我的全國演說冠軍賽，心中有多少怒火。那為什麼現在我又要老調重彈呢？

原因不是我在演說之路上結交的一些朋友，現在依然

是我生命中的摯友；不是演說訓練讓我在公眾場合說話時能表現沉著；也不是演說比賽頒給我一大堆獎盃，讓我心花怒放。原因是演說讓我學到何謂自信。

我來解釋一下。

高中畢業後，我進入加州核桃市（Walnut）的一所社區大學就讀，校名是聖安東尼山學院（Mt. San Antonio College）。我之前就讀的高中就在附近，我的幾位朋友也去讀那所學校。因為在那兒讀書就像高中歲月的延伸，所以我還滿喜歡的。剛進大學我就計劃每個學期要過得不一樣。大一上學期，我去參加學生的演出製作《飛越杜鵑窩》（*One Flew Over the Cuckoo's Nest*），出演一名參加精神病院派對的妓女，名叫珊迪（Sandy）的小角色。以上內容和我要講的重點都無關，只是要說我的演戲履歷只有這些東西好寫而已。

那個學期我修了一門演說課，授課教授名叫莉賽兒·萊恩哈特（Liesel Reinhart）。學期初某日，莉賽兒出了一項功課，要我們以一部電影發想一種新的遊樂園設施並上台報告。莉賽兒想在課堂上舉個例子，問我們有沒有哪部電影絕對不會有人拿來發想遊樂園設施。我毫不猶豫，馬上大吼：「《麥迪遜之橋》（*The Bridges of Madison County*）！」[3]沒錯，我還記得這個除了莉賽兒真的笑了出來，其他人都沒反應的笑話。真可悲。總之，莉賽兒沒大我幾歲，後來成了我的好友和人生導師。其實鼓勵我寫這本書的人就是她，叫我去參加演說校隊的人也是她。很抱歉，以上內容還是和我要講的東西沒關聯。重點要來了。但會慢慢來。

這是一所兩年制的學院，但我到入學第二年的第二學

期才決定要修另一門演說相關的課，名稱是「讀者劇場」（Readers Theater），授課老師是莉賽兒的男朋友史帝夫（Steve）。我上了這門課才發現大學的演說和辯論比賽有個別稱，就是「鑑識」（forensics）。我會知道是因為第一天上課，史帝夫就對想要做《CSI犯罪現場》（*CSI*）裡主角群工作的人說，這門課不是他們該上的課，然後幾個人就走出教室了。話說回來，根據美國讀者劇場協會（American Readers Theater Association）的網站，讀者劇場是一種「團體表演的方式，結合傳統劇場以及公眾演說、表演藝術、口語詮釋、舞蹈等項目的元素」。我們進行整個讀者劇場的基礎概念是「打造東西」，稱做「建構」，而其中一個環節是我們要一起唱一段旋律。我們練習過一遍後，史帝夫說：「還可以。我們再來一遍，這次索娜先不要唱。」我就是在那時發現原來我的歌喉很爛。總之，我要再重申，以上內容和重點無關。不過，這門課讓我有了初次體驗演說比賽的機會。

隔年（如果你看得懂前面的內容，就會知道這是我在兩年制學院的第三年），我正式加入演說校隊。之前我一直看到校隊在校園張貼的告示：「想要成為某個項目的全國冠軍嗎？」然後心想：「呃，冠軍我無法，但第二、三名或許可以。」

我一加入就火力全開。

鑑識分為兩種演說類型：「詮釋型演說」（interpretive）以及「講台型演說」（platform）。詮釋型演說需要比較多的表演（演說內容源自戲劇、散文或詩，以傳達理念或提出概念），而講台型演說由自己撰寫，知識型和具說服力的演

說都屬於這類。我做了冠軍才會做的事，就是所有類別都參加。

我參加演說雙人組（由兩人演出的詮釋型演說），內容以茱莉安娜‧法蘭西斯－凱莉（Juliana Francis-Kelly）的劇作《極惡娜塔莎》（*The Baddest Natashas*）為底本。這個故事非常荒謬，作者把兩名維多利亞時代的妓女和一名現代女演員湊在一起，講述她們一同參加試鏡的故事。

我寫了一篇講稿是關於我自己的文化，題目是「亞美尼亞狂熱」（ArmeniaMania）。這回演說的用意在於娛樂大眾（或者可以當作餐後演說），所以內容就是得搞笑。

我有一次演講的題目是「粉示網路」（warchalking），這是一種標誌系統，用來畫在建築物上，標示該處有開放的無線網路訊號，意即：不具密碼保護的無線網路。

我的一次戲劇演說，取材自一場名為《兩分半的車程與101則丟臉的故事》（*2.5 Minute Ride and 101 Humiliating Stories*）的單人秀，原創者是麗莎‧克朗（Lisa Kron）。

我和一位朋友另組演說雙人組，演說內容以梅蘭妮‧馬尼奇（Melanie Marnich）的短劇《地震》（*Quake*）為藍本，訴說一位女子尋找此生真愛的故事。

我還涉足即興演說。這種演說得先花一整年從可信的資訊來源，將有關全球大小事的文章彙整成一個大檔案來參閱，然後演說的回合一開始，參賽者會收到一系列的問題，接著要準備一篇論據扎實的十分鐘演說，來回答其中一個問題。所以即興演說非常困難。

初次看到校園裡那份「成為某個項目的全國冠軍」的告

示時，我完全沒想過最後能通過這麼多關卡，但我知道追求其他前面的名次仍值得一試。不過那年參加數場比賽後，年底時我除了冠軍，其他名次都看不上眼了。我記得我的一位指導老師說過，嘴巴都還沒動就能贏得回合勝利，因為單單自信就能為你奪下這一回合。有段很長的比賽時光，我都想不透這句話的意涵，直到老師帶我經歷三種不同的事件，我才領悟箇中意義。

第一則事件發生於一場辦在巴沙迪那的錦標賽期間。我成功闖進餐後演講項目的決賽，另外兩名決賽選手也剛好來自我的校隊。這個特定項目的決賽在整場賽事的所有參賽者面前舉行，大約四百人。第一位決賽選手上台，演說無懈可擊。第二位也同樣無懈可擊。接著換我上場。我走上台，開頭的表現完美無缺。但大概進入演講的三分之一時，我的腦袋直接……一片空白。我什麼都想不起來。我開始發慌。四百雙眼睛注視著我，我卻說不出話來。我直勾勾地看向第一排的人的眼睛，眼神傳達「可以請你告訴我下一句是什麼嗎？」的訊息。可是他們又怎麼會知道呢？不會有人知道。我只能孤軍奮戰。歷經感覺像是20分鐘但實際上可能只有20秒的沉默後，我盯著地板，然後拍了一下手。拍手聲迴盪在滿座卻一片寂靜的宴廳。我覺得前排傳來同情的目光，但他們也慶幸台上的人不是自己。那個當下我好想結束演說，直接坐到地上蜷成胎兒的姿勢，像個嬰兒一樣吸著大拇指。

不過我沒有那麼做。最後我想起演講內容，將剩下的部分表現得無懈可擊。回到座位時，隊友趕緊前來安慰我。有些人甚至沒發覺我忘詞了，直到我提示他們我為了想起該死

的演講內容，起初還拍了一下手，他們才恍然大悟。後來這個拍手在我們校隊稱作「響徹世界的掌聲」。

公布前三名時，我完全不抱期望。我做好以第三名收場的心理準備，但沒想到我不是第三名。我和另一人並列第二名。縱使有那段久得不得了的停頓，我還是和隊友並列第二名。賽後有位評審前來告訴我，假若我沒有短暫忘詞就是第一名了。這是我首次從比賽當中獲得強大的信心挹注。

第二則事件源自我們在聖地牙哥附近過夜準備的比賽。我們全都住進飯店，為求隔天比賽能完美表現，我們沒完沒了地練習演說。那一晚，我和莉賽兒以及一位隊友兼好友亞當（Adam）練習。我反覆練習講稿，但莉賽兒一直說我的表現少了點什麼，接著問為什麼我演講時沒有展現出半點自信。她不斷說到我沒有講錯任何字，表現也有水準，但卻少了一種來源於自信的堅定。我不大理解要怎麼將自信帶入演說。於是我們的練習變成某種心理諮商會談，說著說著我就哭了。我以為自己是個有自信的人，但現在回頭一看才發現我不是。我一直都對抱持野心卻步，好像身處排名50名的中段班才能讓我感到自在。我不准自己奢望比中段班更好的結果，好似我天生不配多努力一點，多收穫一點。當晚我在房間裡是千瘡百孔。但我牢牢記住莉賽兒的一字一句，開始認真改變自己。那晚之後我們參加的每場演講錦標賽，就算我沒有奪冠，也一定會有名次。

第三則指導老師讓我有一番個人體悟的事件，發生於我們在波特蘭（Portland）參加全國賽的期間。在決賽的幾天前我們已抵達當地，藉此精修每個人的演講。我為全國賽準備

五份講稿，自認每一份的水準都很不錯。有幾次全部14位參賽的校隊學生和四位隨行的指導老師會在一間房間集合，各自在全體校隊面前演講。某日，輪到我上場時，我心想自己的表現一定會大獲好評，結果才開始說沒幾句，指導老師就叫我停下重來。然後他們又叫我停下重來。一遍又一遍。

「等一下，再來一遍。我覺得你沒進到那一段的情況裡。」

「停，你太多地方都詞不達意。再來一遍。」

「停，你太急了。從頭來一遍。」

我崩潰了，直接中斷演講，走進浴室開始哭。我是愛哭鬼。我還記得那時的挫折感之深，當下除了哭，我完全不知所措。原本的神氣自若好像諭示我已十拿九穩，但傲慢卻使我自滿而不知長進。指導老師好像不管我的開頭是否正確，就是打定主意要擊潰我，也確實擊潰了我。他們把我帶離舒適圈，在整個校隊面前把我教訓得體無完膚。但正是因為他們的這份用心，我在崩潰後能夠鎮定下來，帶著更堅強的心智走出浴室。我絕對不會忘記當下的心境轉折。他們的方法成功奏效，我在參與的五個項目中獲得三個冠軍和一個季軍，還差一分就能闖進即興演說的準決賽。那一分到現在還讓我耿耿於懷。

我就此開始萌生拿一座獎盃也不錯的念頭，但賽季末時，我要的不僅僅是一座獎盃，是所有獎盃。更重要的是，我覺得自己的努力不懈，值得所有獎盃的嘉許。

哇，好喔，我不知道怎麼會扯這麼遠。本來我要講的是Podcast，不知道怎麼搞的延伸到全國演講比賽冠軍了。來

吧，我們回到正題。過去很多人問我，和Podcast傳奇、即興演出奇才麥特・葛利（Matt Gourley）[4]以及喜劇界大家康納一起主持Podcast，我會不會緊張（或者「還」會不會緊張）？老實說，答案是從不會緊張。我又不是要和他們在喜劇上比拚，而且當我在2003年經歷過人生巔峰後，失敗就變成難事了。沒錯，我剛才花這麼大的篇幅講述演講比賽的歷程，原因是那段時間是我的人生巔峰。我才不會寫完整本書，卻不找個機會把這個故事從頭到尾完整地說一遍。這不是想當然爾的道理嘛。

你知道的，每個人在高中時期都有一位迷戀的女生。你們一起上小學，下課期間她的情緒失控就大吼「你該去穿件胸罩」，聲音大到所有人都聽得見。後來你們讀不同的國中，直到高中時你才又見到她。你見到她時，她就近在眼前，依舊纖瘦、美麗，還和學校的男神約會。不過大概12年後，你在臉書上看到她，保養得差，生活又悲慘，你才發現原來高中時期就是她的巔峰？嗯哼，演說就是我的巔峰，我不覺得丟臉，反而因此獲得滿滿能量。如果你曾站上巔峰而且有這份認知，那麼從此以後就沒有東西能帶給你壓力了。

什麼？我要展開這輩子第一次的亞美尼亞之旅，到時攝影團隊會隨行，影片還會播出？好啊，我們出發吧！

什麼？我們要到華盛頓特區去參加《華府聖誕》（*Christmas in Washington*）[5]的錄影，歐巴馬全家也會到場？來啊，沒在怕！

什麼？《康納・歐布萊恩今夜秀》（*The Tonight Show with Conan O'Brien*）入圍艾美獎，我要出席頒獎典禮為我們團隊

加油？聽起來很好玩！

所以當康納問我有沒有意願和他一起主持Podcast，我一口就答應了。我當然有興趣，而且我也不會緊張。原因有二：第一，我當然不會害怕公眾演說；第二，我的巔峰早就過了。只要我擁有「沒什麼可以失去」的覺悟，我就能盡情地做自己、真切享受參與Podcast的各種經歷，沒錯，還有身為康納助理奇怪又奇妙的生活點滴。我可以自在地坐在林－曼努爾・米蘭達（Lin-Manuel Miranda）[6]對面，沒有必須開玩笑的壓力，聽他講述曠世巨作〈壓力之下〉（Under Pressure）[7]的細緻之處。我可以在康納於密爾瓦基（Milwaukee）的一間教室裡訪問蜜雪兒・歐巴馬（Michelle Obama）[8]時，坐在她的對面，不用擔心自己留下不好的印象。我可以參與俠客・歐尼爾（Shaquille O'Neal）[9]的Zoom視訊訪問，坐著聽他現場為我的雙胞胎起名字，而且聽完還不會抓狂。〔他最先想到的名字是馬克（Mark）和馬克斯（Markus），但我們說太像了，於是他建議改成馬克和馬可（Marco）。〕為什麼錄影時我不會焦慮？因為以前我感受過壓力。壓力是在波特蘭的飯店房間裡，在睡非常少的狀況下，穿著套裝和高跟鞋，背誦十分鐘長的講稿。那才叫做壓力。

然而，開始製作Podcast後確實出現重大改變，就是我正式從助理成為「藝人」。我的名字出現在商品上，喬氏超市（Trader Joe's）的店員只聽我的聲音就認出我來，我也曾在好幾千位觀眾前參與我們Podcast的現場錄製。我們Podcast最大的優點在於自然流露，如同有人把麥克風放到康納和我的面前，錄下我們日常的機智對話。聽到聽眾表達對節目的喜

愛，我覺得就是我和康納關係進化的最佳證言。回到剛開始為康納工作時，我和他相處起來絕對沒有像現在這麼自在，但十多年過去，因為我對我們的友誼有安全感，我便能和他真誠相待。

不過就算把這些點都考慮進來，我參與Podcast最大的收穫還是認識麥特・葛利。麥特在惠提爾長大，從我成長的地方哈崗市開車過去只要大概15分鐘。我們兩個都是南加州的孩子，認識他完全是一大樂事。我在錄製節目時最愛的就是聽他和康納妙語如珠地一來一往。

現在這個Podcast給了我舞台還讓我做自己。看著這些年來努力熬過的種種，我的內心除了滿足，還是滿足。

亞美尼亞行

2015年初，歐巴馬總統放寬對古巴的旅遊限制。幾週後，康納帶上一組人員前往古巴拍攝國際特輯。節目大受觀眾和節目評論人好評，讚賞康納開創國際旅遊特輯這塊新版圖。

到了要討論第二檔特輯的內容時，我們開會腦力激盪，每個人丟出各式極具異域風情的國家……如果我們有去拍，都會很精彩。但那時康納突然插進來說：「要不要帶索娜去亞美尼亞？」

大家附議，我卻頭皮發麻。

我以身為亞美尼亞裔美國人自豪。我在加州的蒙提貝羅出生，當地的亞美尼亞人社群十分活躍。我們有自己的教

堂、學校和社區中心。當地亞美尼亞人大約從1960年代陸續移民到蒙提貝羅，後來這個社群在當地洛杉磯郊區建立起自己的天地，而我爸爸就是在那時移民過來的。我年紀很小時就融入這個人數少但很團結的社群，亞美尼亞因此在我的身分認同中佔有重要地位。

但現在我第一次走訪家鄉，卻要帶著我所認識皮膚最白的男人和毫無亞美尼亞人的工作團隊，而且全趟旅程之後還會向全國播出。就算我明白康納和同事不會讓我難堪，但心中還是有一絲絲的擔憂。要是這部特輯很爛怎麼辦？這樣我深愛又引以為傲的社群可能會心生厭惡，拒絕和我往來。

我只能試著不要想太多。

其實直到我們的飛機起飛，我才相信這趟旅程真的開始了。我記得我們在亞美尼亞落地，一下飛機我就發現好多和我認識的人長得像、聲音也像的人。因為我不會說亞美尼亞人通用的亞美尼亞方言，所以溝通變成難題。亞美尼亞語是很複雜的語言，各地區有不同方言，差異大到要理解並說出不同的方言並不容易。更慘的是，我連從小到大說的方言都講不好。根本就是語言大亂鬥。

康納結束在加尼神廟（Garni temple）[10]和傳統亞美尼亞舞舞者跳舞的行程後，我們到附近的房子觀摩女師傅製作一種叫做拉瓦什薄餅（lavash）的亞美尼亞麵包。她們也製作一種嚐起來像甘草糖，名叫歐喜酒（oghi）的烈酒。我們有翻譯隨行，還幫了我們很大的忙，但團隊想要在沒有翻譯的情況下，由康納、我和釀造歐喜酒的老闆直接對話，如此一來拍攝節奏能更明快。於是全場依賴我的破爛溝通能力來翻譯

歐喜酒的製程，不過幸好那位先生聽不懂英文，所以我直接瞎掰內容。他指向不同的輸送管和儀器的零組件，我就依樣畫葫蘆，然後亂講一通。

他指著一個巨大桶子介紹，我聽到的卻是：「**一堆東亞美尼亞方言。**」

我指著相同的桶子，說：「我們用這個桶子裝酒來確實地發酵，烈酒的製程就是靠這個步驟，將酒精轉變為你可以喝的酒。」

他指向一條結尾處是龍頭，成品自此流出的輸送管，而我聽到的講解是：「**又是一堆我聽不懂的亞美尼亞語。**」

我做出相同的動作，說：「這條輸送管引導酒流出龍頭，我們就能喝到歐喜酒，和朋友一起開心享用。因為這種酒濃度高，所以有放鬆的作用。還有我不知道為什麼他講到這條輸送管時會這麼堅定有力。」

我的秘訣是語速快、字數多，以防他聽得懂簡單的英文。還好我「翻譯」的全程他會跟著點頭，貌似身為大師的他同意我對製程的解說，完全不知道我惡狠狠地糟蹋他的藝術結晶。記住這點：人是不會變的。我人在這兒和康納・歐布萊恩拍攝電視節目的國家特輯，深度體驗家鄉文化，卻還是一樣滿口屁話。索娜風格，愈陳愈香。

我們坐進箱型車要回飯店時，我和大家說我的翻譯都是瞎掰的。但我翻得煞有介事，所以沒有人察覺。反正最後我們把這個片段剪掉了，所以也沒差。

雖然我是在美國長大的亞美尼亞裔美國人，父母教育我要深深景仰我的文化，我在亞美尼亞時還是不免注意

如何在工作時
好好利用你的孕婦身分

1. 找一位家裡有五個兄弟姊妹又愛媽媽的老闆。

2. 懷孕。

3. 早早大聲宣布懷孕的消息。

4. 開始經常請產假，理由是「醫師門診」。

5. 懷孕期間，辦公室的食物都是你的獵物。

6. 像大老闆一樣停車。

7. 說服人資雇用一位助理的助理。

8. 獲得你最愛的名人的認可。

到自己的不同。某天休息時間，我們其中兩位編劇和我一起去一個幾乎什麼都賣的市集，叫做維尼莎奇露天市集（Vernissage）。離開時，我們攔了一台計程車便直接上車。開到中途，計程車司機看到他的一位朋友在路邊，索性在路上停車向朋友打招呼。他們你一言我一語，原來司機的朋友要搭車去某個地方。我們的司機就開著這輛交通工具，沒有比讓計程車司機載他一程，前往目的地更好的選項了吧？所以這位朋友就跳上車。所有人自我介紹一輪後，我們愜意地乘車回到飯店。司機一放我們下車就輕鬆地載朋友前往目的地了。如果相同情況發生在紐約，就是計程車搭到一半突然變成共乘Uber。

不過為什麼我會覺得這件事很詭異？因為司機似乎不太專業？我工作至今做盡不專業的事，怎麼會在乎這點？因為感覺上就是怪怪的？「奇怪」可是我的重要特質。所以我還是不懂這件事有什麼大不了。事發當下我受到衝擊，但現在我才漸漸了解，我並不是看不慣什麼東西，而是我很佩服那位司機，能夠跳脫工作的常規並享樂其中。我根本不清楚他知不知道在乘客的眼中，他的行為很異常，但他不在乎我們是否覺得整件事很奇怪，這點我倒是還滿……敬佩？

行程的最後一天恰好是我的生日，我們到一家叫做多瑪瑪（Dolmama）的餐廳，包下餐廳樓下的場地。我們的服務生要大家多喝幾杯干邑白蘭地的一口酒，上桌前已經先在上面點了火。我喝得有一點多，開始搭訕服務生，但他完全懶得理會我。大家吃很多也喝很多，旅程來到尾聲，我獲得滿滿一週的回憶，卻還不知道我的人生會就此改變。

從亞美尼亞回到美國後，我們優秀的剪接師和優秀的編劇通力快速產出特輯，讓我迫不及待和我愛的每個人分享。我們辦了一場試映會，由我邀請家族的20位成員前來，他們都看得很開心也很驕傲。

　　至今，《康納無國界》系列的亞美尼亞行，是我為康納工作的這些年來我最感到驕傲的時刻之一。不過這和我作為「世界上最爛的助理」有什麼關係？嗯，它壯大我的膽量。娛樂新聞網Vulture將「康納在亞美尼亞」（Conan in Armenia）評選為康納國際特輯中最推薦的單元。現在康納是亞美尼亞偶像，如果你住在加州的蒙提貝羅，你就會知道大概沒什麼事能比這更了不起了。

　　亞美尼亞特輯是一片小小的拼圖，完整了我的整幅作品，讓我覺得自己所向無敵。因為我們和亞美尼亞媒婆拍攝的片段在YouTube有超過七百萬的觀看次數，所以我可以頂嘴。因為我們去買地毯的片段有接近七百萬的觀看次數，所以我比較不會為了忘記做什麼事而自責。康納擊敗他的愛爾蘭同鄉、總統喬・拜登（Joe Biden），比他早五年承認亞美尼亞大屠殺（Armenian Genocide），成為承認世界歷史上反人道罪行的先驅。

　　亞美尼亞之行不僅讓我更貼近我的根，還讓我獲得更多鎂光燈。特輯播出的幾個月後，我在玫瑰花車遊行（Rose Parade）[11]站上亞美尼亞花車。我到非常多的募款活動演講，還和全球各地看過特輯的亞美尼亞人搭上線。不是來自亞美尼亞的觀眾則表示，他們從特輯學到好多關於我的文化的事物。

從亞美尼亞特輯的提案出現後，我一直很擔心成品會是什麼面貌。編劇、編輯、企劃、甚至康納，怎麼可能和我同樣在乎這回節目會如何呈現？他們又不是亞美尼亞人。然而，我看完整集後不久就領悟到，只要是以真心好奇的角度接觸文化，人人都能從中創造美麗的事物。參與製作特輯的男男女女不辭辛勞，是基於他們的職業倫理，要確保成品精采絕倫，但他們也想確保能從中顯露自己對這個文化的敬重。我最為亞美尼亞特輯感到驕傲的一點是，非亞美尼亞人的製作團隊證明了對異文化的創作可以讓那個文化的人引以為傲。

亞美尼亞特輯播出的一個月後，我深愛的牙牙（yaya）[12]去世了。特輯以康納和我的家人說明我們即將前往亞美尼亞起頭，當時牙牙也在現場。她在影片中和康納說到，她非常渴望我能找到一個老公，而這正是整部特輯在我心中最寶貴的片段。從此我有了這個片段，完美記下她在晚年開始心心念念的事。

搞笑的是，這部特輯真的讓我和我先生相遇了。隔年我和朋友葉大衛（David Yeh）在聖地牙哥國際漫畫博覽會的會場四處逛逛時，大衛巧遇也在隨意看看的朋友凱蒂．史特拉頓（Katie Stratton），身旁是她的朋友塔克．博羅洋（Tak Boroyan）。大衛和凱蒂閒話家常的同時，塔克和我聊了起來，這才認出我是亞美尼亞特輯的熟面孔。我們一拍即合，但我不確定他和凱蒂是不是一對，所以並不想越線。隔天我在網路上細細追查他的資訊，發現他當時不只單身，甚至在看到亞美尼亞特輯之前的好幾個月就已經對我發送臉書交友

邀請了。我做的唯一一件事就是接受他的交友邀情，兩年之後，我們舉行盛大的亞美尼亞式婚禮，550位至親好友見證我們共結連理。如果牙牙還在世，一定會很驕傲。

新冠肺炎

《康納秀》（*Conan*）邁入第11季之際，一場全球傳染病爆發。我們在三月暫時停播後就沒有再回歸了。我發現過去康納最優質的喜劇內容，好像都是在壓力極大時想出來的，讓人誤以為他很樂於碰上意外。而這場疫情就屬於這一類。我們在華納兄弟的片場工作，但新冠肺炎（Covid-19）病毒確診人數一開始攀升，華納兄弟就迅速關閉了片場。

康納知道只要他持續為特納廣播公司製作原創節目，所有員工便能不受波及，繼續領到薪水，所以他開始腦力激盪。我們的編劇開始集思廣益，提供容易透過Zoom執行的方案，或是為了安全起見而在各自家裡拍攝的點子。我們的預訂專員也開始尋覓可以線上受訪的來賓。那段時間我的職位實際上是資訊技術專員。我們一小群人會定期去康納家，幫忙他處理節目拍攝的技術問題。我們在他的筆電下載一個提詞應用程式，購入腳架、環形補光燈，還有替他的筆電買了一台更好的相機。這樣的製作只有大學生的水準，但在疫情初期大家的要求都很低，所以還過得去。有時為了更有效保護康納不要染疫，他們會希望我一個人去康納家就好，所以我當然就得格外留意自己見了什麼人和去了什麼地方。如果康納染疫而且是我害的，節目製作可能會停工，帳也會算在

我頭上。畢竟整個團隊為了確保節目不要停擺付出這麼多，到時我不只會很有罪惡感，想到康納一定會就此想出消遣我的玩笑，我甚至還會覺得不寒而慄。

我們安裝好設備後，我開始獨自去他家協助解決節目各方面的技術問題。不過這個狀況沒有持續太久，我們就開始帶一批大大精簡的人力到他家協助拍攝。在他家拍攝幾週後，我們帶上必要人力，換到西好萊塢的拉哥劇場（Largo Theater）拍攝。我們的外景製作人傑森・琪萊米每天都要量我們的體溫和血氧濃度，每週我們必須實施兩次篩檢。這變成我們的新日常，但在拉哥劇場錄影的期間，沒有任何人染疫。新日常完全不光鮮亮麗，可是這份經驗在嚴重缺乏趣事的時刻，卻是我的希望。我有其他地方可去、其他事可做，不會被剩下的唯一選項「待在家」束縛。

拉哥劇場不像華納兄弟的場地豪華，後台只有兩間小更衣室、一間很小的浴室和一個可以吃點心的小空間。雖然設備只有如此，但環境很是迷人，更不用說喜劇圈有多珍愛這個場地。在我們數個月的拍攝期間，拉哥劇場的老闆馬克・佛拉納根（Mark Flanagan）〔或佛拉尼（Flanny），大家都這麼稱呼他〕成為我的好友。我早上11點到拉哥劇場，接著和佛拉尼走去吃早餐，再去對街一家親切的紐西蘭人開的優質咖啡廳，買製作團隊要的咖啡。之後我會坐在舞台後方，配有一張小桌子，設置好電腦再開始工作。雖然從我家到那兒的通勤時間是整整一小時，我依然很享受由工作賦予但為數不多的常態時光。當然，一切在我懷孕後就不同了。

那年11月初，我和我先生發現我懷孕了。第一次去照超

音波時，我們看到兩個胎囊但只有一個寶寶，想說另一個胚胎一定是沒有成功發育，所以我們只有慶賀2021年7月我們的生活會添上一位新成員。

隔週，我們又去照超音波，結果突然出現兩個寶寶。是的，我們要迎來雙胞胎了。我們坐在診間裡，大眼瞪小眼一會兒，慢慢吸收這個資訊。我擔心的不只是我們的生活會面臨巨大的改變，還有未來幾個月我的身體會遭受何等磨難。我發現懷上雙胞胎的隔天，和我們的資訊技術專員、好朋友克里斯‧海斯（Chris Hayes）到康納家，幫忙他女兒學校的線上募款活動。到他家時，康納問我們兩個要不要喝啤酒或葡萄酒，但我說不要。康納就馬上問我是不是懷孕了。不意外啊，我的老闆假定我拒絕在工作時間來一杯的唯一原因是我懷孕了。但我得讓他知道，我……真的懷孕了。還是雙胞胎。所以他是除了我們夫妻倆外，第一個知道這個消息的人。從那時開始，去拉哥劇場上班變得愈來愈困難。我的預產期是2021年7月1日，排定要在那天剖腹和我的兩個孩子相見。隨著我的懷孕週數愈來愈大，開車到拉哥劇場，悶在車裡一個小時，變成我愈來愈大的負擔。

但那時康納的節目快要停播了。

康納在疫情期間宣布，他要收掉《康納秀》轉而在HBO Max製作新節目。最後一集《康納秀》會在6月24日播出，一週後就是我的孩子來到世界的日子。我知道我不能在他的最後一集錄影缺席，於是我咬緊牙關，每天從艾塔迪那（Altadena）開去西好萊塢。某次在婦產科門診，我問醫師可不可以繼續工作到生產的前一個月，他說：「我真心希望你

不要這麼做。」我沒有把他的懇求當作非得採納的建議，繼續開車上班。但後來開車一度讓我太難受，必須靠我先生載我去工作。節目停播前的最後兩週，我開始承受不住坐在車裡一小時的不適，所以我被迫放慢腳步，不再每天去上班，改成一週兩天。最後我的孩子在肚子裡撐得夠久，讓我可以到場看康納最後一次電視網節目的錄影。

我請產假的期間，工作由傑夫‧羅斯的現任助理、我的前製作助理大衛‧霍平承辦。他不一會兒就展現出想要取悅老闆的渴望，但我很久以前做這份工作時就喪失這種態度了。他會在意我不再允許自己在意的細節，但現在我成了兩個孩子的媽，更加無心處理這些事情。產假休完後，我告訴康納最好繼續讓大衛負責我實質的業務，例如照看康納的行程、陪他參與活動和拍攝、擔任他的主要聯絡窗口。基本上大衛成了康納的助理，但我也還在。我辦到保住工作的同時，讓別人負責大部分的業務，薪水小偷終於成功達陣。這套詭計贏得太漂亮了。我做到了。

為康納工作的這些時光裡，我的人生蛻變了。起初我才26歲，準備迎接電視圈的挑戰。那時我是無憂無慮的單身跑趴女孩，常常還在宿醉就來上班。我的抽屜裡有一套全能生活必需品，包含牙刷、牙膏、止汗劑等等，以防我來不及在上班前整理好儀容。時間來到我和華納兄弟片場以及我們在TBS的節目道別之日，我是38歲、懷著雙胞胎的已婚女子，那套生活必需品已經閒置好多年。這份工作見證我經歷人生的關鍵轉折。原先的我對新任務充滿熱情，想盡辦法取悅別人，但隨著我變得愈來愈安逸，工作成效便每況愈下。我們

告別康納最後一場的深夜脫口秀時，我不再是熱切的純真少女，反而進化成歐布萊恩家族裡自在的新成員。我很幸運，能為不要求我犧牲一切去討好自己的老闆工作。他讓我做自己，在我搞砸事情時，也不會讓我覺得大難臨頭。

成為康納助理之初，我對未來毫無頭緒。在那之前我沒有擔任過私人助理，也只有耳聞相關的恐怖故事。還記得剛開始替康納工作，我詢問傑夫羅斯當時的助理湯姆·蘇琶（Tom Supa）要如何確保不會把工作搞砸，他要我寧願謹慎行事也不要冒險犯禁，還有為康納的行事曆、通訊錄輸入資訊時，要附上我手上所有的資訊。我謹記他的建議，把身心都投入到工作裡，最後卻走上反向的路，反倒獲得無數回憶和一位畢生摯友。我在這條路上不帶歉意地做自己，也毫不掩飾身上的缺點。我並非一開始就打定要成為「世界上最爛的助理」，但我認真努力過，或者說是偷懶過，才發覺我真正的使命。這一路走來可以說是刺激滿點，我很榮幸能將自己的專業所學傳承給你。

祝一切順遂。

後記

　　為康納工作的時光裡，我有幸獲得一些千載難逢的經歷並大開眼界。不過更重要的是，我和他建立的友誼，未來能跨越這份工作的終點而長存。康納在我奶奶過世後，親自慰問我們一家，還幫忙主持我最好的朋友的婚禮。他和太太麗莎為我和我的男友（現在的老公）舉辦豪華的訂婚派對，他甚至為我們寫推薦信，協助我們買房子。克盡職責是假的，但建立情誼是真的，我想不出自己還能擔任誰的爛助理了。

　　我絕對不會成為那種任由工作侵蝕身心健康的人。面對工作和工作夥伴，我努力奉自己的快樂為第一要務。正是抱持這樣的心態，我才能找到一份讓我期盼星期一到來的工作。但用這種心態面對另一種老闆，像是為了自己的方便、要我過度犧牲的人，就完全行不通了。可悲的是，現實生活中還是有人會對下屬予取予求。他們付的薪水少得可憐又提出過分的要求，最後落得員工對人性失去希望，升職後一樣憤世嫉俗（前提是升得了職）。

　　我知道是我夠幸運才能這樣工作。但如果「世界上最爛

的助理」的意涵，是我能保有社交和個人的生活，還能從工作收穫成就感，或許我的工作模式也有可取之處。

　　如果你不介意的話，現在我要先去把數獨題目做完囉。

致謝

　　我這輩子受到太多大善人的照顧，是他們讓我相信自己能無堅不摧。如果沒有他們，我絕對不會肖想逃過半數我應得的報應。

　　首先要感謝我的家人。我何其有幸能出生在這個熱鬧、緊密的亞美尼亞大家庭。開始寫這本書時，我才剛結婚，但寫完時，我已經是一對新生雙胞胎的媽媽了。我的爸爸吉爾本克（Gulbenk）〔小名吉爾（Gil）〕和媽媽納迪亞（Nadia）每天都會來家裡照顧我的寶貝，好讓我專心寫書。不過這只是他們自我出生至今無私付出的其中一筆而已。在每天學習成為媽媽的路上，我都以他們為榜樣。

　　雖然書裡有一整節都獻給他，該謝的也謝完了，我還是要提一下，我的哥哥對我有多重要。丹尼一手鍛鍊出我的幽默感，要不是他，我不可能對工作這麼樂在其中。他還娶到我這個滿分的嫂嫂露西，送我一對姪女艾娃（Ava）和茉莉安娜（Juliana），讓我成為驕傲無比的姑姑，為我的生活注入滿滿的喜悅。

當然也要感謝我的姑姑、阿姨、舅舅、叔叔、和我有相同祖父母的堂表親、和我有相同曾祖父母的堂表親、和我有相同曾曾祖父母的堂表親、和我有相同祖父母的堂表親的小孩，以及其他和我有一點點血緣關係的人。還要大大感謝我先生的家人。他們和我沒有血緣關係（有的話就怪了）。能擁有這麼棒的親家是我的福氣。

每位孩子在學校都需要感覺到備受重視，謝謝多位老師在各個學習階段給我這份安全感。謝謝格拉席德小學（Grazide Elementary）的愛德華茲女士（Mrs. Edwards）和哈克特女士培養我的好奇心；梅索羅比安學校（Mesrobian）的瑪麗安‧薩莫尼安茲（Mariam Samoniantz）和馬其女士（Mrs. Malki）讓我做自己，以及哈崗市葛倫‧威爾森中學（Glen A. Wilson High）的馬丁先生（Mr. Martin）開放他的辦公室給我和同學吃午餐。

說到老師，我必須感謝之前提過的莉賽兒‧萊恩哈特，感謝她不僅帶我勇敢嘗試公眾演說，還向我提議寫這本書。我還要大大感謝史帝夫‧席格（Steve Seagle），謝謝他指導並協助撰寫我最精彩的幾回演說，以及協助我克服眾多恐懼。

自我初入社會在漢堡王工作，我一直很有福氣能碰到許多非常照顧我的大好人，甚至連好萊塢圓形劇場的主管也待我非常好。過去的工作教會我重要的事，讓我能應用於後續做的每一份工作。這一路走來，我和許多同事、長官建立一輩子的友誼，只要上班時有他們在，工作就不會索然乏味。

我沒有忘記NBC的人資部通知我獲得康納錄取後，我看

著當時公關部的副部長、我的強力加油團團員內特‧克特曼（Nate Kirtman），代表我協談出更好的待遇。

我拿到這份工作前和馬克‧利畢思愉快地共事過。我沒有忘記他曾告訴我，他在我的第二場面試前夕傳訊息向康納舉薦我。

我看著一些職場夥伴尋覓到人生的另一半，有些結婚、生子或買房。我們一起長大成人，彼此的友情恆久長存。

十分感謝我的康納家族：尤其是傑夫‧羅斯（給我無限的支持）、麥克‧史威尼（在我參與過的外景和亞美尼亞特輯背後，提供絕妙點子）、麥特‧歐布萊恩（想出我參與過的絕佳搞笑片段）、傑森‧琪萊米（作我長久以來的靠山）、亞當‧薩克斯（Adam Sachs，他相信我有資格登上康納的Podcast）、麥特‧葛利（作我的盟友和朋友）、翠西‧金和莎拉‧費德羅維奇（雇用我，還有很多很多）。

如果沒有朋友，不知道我會淪落何處。謝謝我自幼幼班和幼稚園認識而結交的摯友，以及新冠肺炎疫情期間在拉哥劇院錄影交到的新朋友。多虧老天爺的眷顧，讓我遇到這群全世界最善良又最有義氣的人。特別感謝克莉絲汀娜‧顧爾波伊恩（Christina Guerboian）、薇若妮卡‧西拉諾相（Veronica Siranosian）、安琪內‧史托利諾（Anineh Storino）、艾琳‧李維（Erin Levy）、梅根‧辛克萊、艾莉卡‧布朗（Erica Brown）、琳賽‧西恩、梅芮迪斯‧菲茲派崔克（Meredith Fitzpatrick）、艾波‧蘭姆（April Lamb）以及布萊德‧米理森（Brad Milison）。以前輪完漢堡王的班，我會開車到他們家玩。獲得NBC的實習工作後，他們和我共享

晚餐慶祝。我知道獲得康納錄取後，他們和我在酒吧舉杯狂歡。我簽下這本書的合約後，他們送來杯子蛋糕祝賀和閱讀我的初稿。

感謝亞倫・布萊爾特（Aaron Bleyaert）、露西・懷特（Ruthie Wyatt）、蒂芬妮・盧哈尼（Tiffany Roohani）、潔西・蓋斯凱爾（Jessie Gaskell）、潔瑪・保羅（Gemma Paolo）以及其他Team Coco[1]的成員，讓我的書借用你們的照片。我不善於留存記憶，所以如果沒有你們，我對2009年後自己做了什麼一定想也想不起來。

萬分感謝威廉・莫里斯奮進娛樂公司（WME）團隊的協助。瑞克・朗森（Rick Ronson）明明位居要職又忙到沒時間幫我，但他這個大好人還是助我一臂之力。同時也十分感謝蘇珊・格魯克（Suzanne Gluck）、安德莉亞・布拉特（Andrea Blatt），特別是安德莉亞從我寫書到出版提供給我的心靈支持，還好有她，不然我一定會徹底崩潰。

感謝福羅律師事務所（Fox Rothschild LLP）的克里斯多福・薩貝克（Christopher Sabec）和裘蒂・賽門（Jody Simon）的協助，引導我走過這麼嚇人的程序。

卡西迪・薩克斯（Cassidy Sachs）和羽翼出版社（Plume）的所有同仁，感謝你們讓我的著作更條理清晰，還對我這個邊摸索邊寫書的新手媽媽這麼有耐心，和你們大家一起工作真的很開心。

我這套厚顏無恥的工作態度，來自於我知道不管發生什麼事，都有人能接住我。但我知道非常多人是無路可退，所以現在只得乖乖工作，無法自由地活出理想的樣子。我實際

認識許多人背負房貸、小孩和各種責任，被迫做著讓人身心俱疲的工作，因此對權威明目張膽的藐視只能存在於他們的想像中。我有勇氣以這樣的態度工作，因為我心底明白，我隨時都能搬回老家、請親朋好友支應我，還有我絕對會再找到出路。只要我有需要，他們就會伸出援手。當你意識到自己不是隻身一人，自然而然就會硬起來，所以我絕對不會忘了自己有多幸運。

　　在這樣的背景下，只要我有機會和人分享就會談到，每個人都有權要求別人聽見自己的聲音和重視自己的意見。我不知道康納退休後（希望他永遠不要退休）我的職涯會何去何從，但卻知道我絕對不會屈就於讓我害怕星期一到來的工作，不會從此過著漫畫《凱西》（*Cathy*）[2]裡主角的人生。

　　說到康納，雖然我純粹是因為覺得致謝必須提到他才提的，但這整本書本身就是我對他大大的謝禮。從他雇用我的那一刻起，我的人生就改變了。我會用盡餘生努力報答他對我的恩惠。

　　最後，雖然不知道到底哪來的福氣讓我碰上我先生，但若沒有他的支持和創意，我絕對沒辦法完成這本書。塔克，我好愛你也好開心我們一起製造出人類。我知道你討厭放閃，但我還是要說，2016年動漫展結束後，選擇搭遲到的那班火車回家是我有生以來做過最正確的決定。還有查理（Charlie）和麥奇（Mikey），你們年紀太小還沒辦法讀這本書（也還沒辦法站或走），但希望未來你們可以讀一下，知道媽媽會支持你們的所有決定，永遠做你們背後的靠山。我愛你們，做你們的媽媽是我這輩子最棒的差事。

無論你是在得來速工作，或在做傳奇人物的助理（或者你自己就是傳奇人物），我都希望你能和我一樣幸運，對自己的工作感到滿意。你值得這樣的工作。每一個人都值得。就算我們做得再爛，這點也不會改變。

譯註

推薦序
1. 美國墨西哥餐飲連鎖品牌推出的玉米脆餅。
2. 男子奈森‧李奧波德（Nathan Leopold Jr.）和理查‧勒伯（Richard A. Loeb）聯手綁票謀殺一名14歲的少年。
3. 邦妮‧帕克（Bonnie Parker）與克萊德‧巴洛（Clyde Barrow）為美國經濟大恐慌時期的「鴛鴦大盜」，於1930年代殺害多名警察。
4. 美國作家楚門‧卡波提（Truman Capote）親身調查1959年由兩名男子共同在堪薩斯州犯下的滅門血案，撰寫而成的著作。後世將其視為美國文學經典。

前言
1. 美國哈佛大學學生發行的幽默雜誌，創刊時間為1876年。
2. 美國電視影集《魔法奇兵》（*Buffy the Vampire Slayer*）的女主角，由莎拉‧蜜雪兒‧吉蘭（Sarah Michelle Gellar-Prinze）飾演。
3. 美國電視影集《我所謂的生活》（*My So-Called Life*）的男性角色，由傑瑞德‧雷托（Jared Leto）飾演。
4. 美國電視影集《兩小無猜》（*The Wonder Years*）的男性角色，由傑森‧哈維（Jason Hervey）飾演。

5. 美國加利福尼亞州（California）人口普查指定非建制地區。
6. 美國墨西哥餐飲連鎖品牌，在當地有超過7,200家據點。
7. 美國喜劇編劇、電視製作人和導演，知名作品有《我們的辦公室》（*The Office*）、《公園與遊憩》（*Parks and Recreation*）。
8. 美國著名電影製作人和監製，知名作品有《黑色追緝令》（*Pulp Fiction*）、《莎翁情史》（*Shakespeare in Love*）。2017年多名女性指控被哈維．溫斯坦多年性騷擾、性侵，指控人數超過80人，後續引發擴及全球之#MeToo運動。
9. 美國著名電視節目主持人、政治評論員，以犀利言詞及強硬風格聞名，2017年多位女性指控他性騷擾後，被福斯新聞頻道（Fox News）解聘。
10. 全名為《螺旋溜滑梯：曼森家族殺人事件真實故事》（*Helter Skelter: The True Story of The Manson Murders*），講述1969年邪教組織曼森家族犯下多起殺人罪後經歷的調查及審判。
11. 美國知名露天音樂表演場地，建立於1922年，位於南加州。
12. 美國節目主持人，生於1925年並於2005年逝世，曾主持深夜脫口秀《強尼‧卡爾森今夜秀》（*The Tonight Show Starring Johnny Carson*）。

第一章

1. 拉什莫爾山國家紀念公園，位於美國南達科他州（South Dakota）。公園內的山上刻有美國歷史上著名的前總統頭像，分別為華盛頓（George Washington）、傑佛遜（Thomas Jefferson）、老羅斯福（Theodore Roosevelt）和林肯（Abraham Lincoln）。
2. 美國男演員，知名作品有《教父 II》（*The Godfather: Part II*）、《派特的幸福劇本》（*Silver Linings Playbook*）、《高年級實習生》（*The Interns*）。
3. 美國著名情境喜劇，1994年開播，於2004年結束，共播出十季。劇情講述六位好友在紐約曼哈頓的生活。

4. 2001年1月，康納與原電視播出頻道NBC因時段調整發生衝突，1月中旬雙方解約，4月康納開始「法律禁止在電視上搞笑」巡迴，並於巡迴首日宣布未來將加盟TBS。
5. 西雅圖著名觀光景點，全名應為Pike Place Market，建於1907年，美國歷史悠久之公有農夫市集。
6. 西雅圖著名觀光景點，高度約184公尺，頂部設有觀景台與餐廳，可一覽西雅圖全市景觀。
7. 美國音樂人、創作歌手，為搖滾樂團珍珠果醬（Pearl Jam）的主唱兼吉他手。
8. 美國音樂人、歌手，知名作品為歌曲〈邪惡遊戲〉（Wicked Game）。
9. 美國著名建築師，強調將人性與環境融為一體，獨創「有機建築」（Organic architecture）之概念。
10. 全名為「德州騎警沃克槓桿」（Walker, Texas Ranger Lever），節目中，康納拉下此槓桿便會播放犯罪影集《德州騎警》（*Walker, Texas Ranger*）的有趣片段。
11. 加州著名觀光景點，溫徹斯特連發武器公司（Winchester Repeating Arms Company）財務總監遺孀莎拉·洛克伍德·溫徹斯特（Sarah Lockwood Winchester）所建，佔地龐大、建築風格詭譎，為電影《溫徹斯特鬼屋》（*Winchester: The House That Ghosts Built*）之原型。
12. 美國流行音樂樂團，成員包含伊薩克（Isaac）、泰勒（Taylor）、柴克（Zac）三兄弟，知名作品有歌曲〈彈指之間〉（MMMBop）。
13. 美國著名表演廳，位於紐約曼哈頓第六大道，長年舉辦東尼獎（Tony Awards）頒獎典禮。
14. 《哈佛諷刺》雜誌編輯所在地，為一造型似城堡之建築。
15. 全名為「波納羅音樂暨藝術節」（Bonnaroo Music and Arts Festival），每年六月於美國田納西州（Tennessee）舉辦，為期四天。
16. 第三人唱片公司之創辦人。

17. 美國演員、導演、製作人，大學時與康納同為《哈佛諷刺》雜誌成員。

18. 以生鮪魚及各式配料、醬汁製成，為高級餐廳常見之開胃菜。

19. 美國饒舌歌手，本名為納斯‧賓‧歐魯‧達拉‧瓊斯（Nasir bin Olu Dara Jones）。

20. 牙買加DJ、詞人和饒舌歌手，為雷鬼音樂之父巴布‧馬利（Bob Marley）的兒子。

21. 美國搖滾吉他手、歌手、詞曲創作人，政治立場保守，共和黨支持者，知名作品有歌曲〈束縛〉（Stranglehold）。

22. 美國搖滾歌手及演員，知名作品有〈地獄蝙蝠〉（Bat Out of Hell）。

23. 此種廂型車曾受部分搖滾歌迷喜愛，流行年代與泰德納‧金特和肉塊的巔峰時期重疊，但現在已很少見。

24. Reince發音近似Rinse，後者有「沖洗」之意。而洗髮精廣告中常見「Lather, rinse, repeat」，即為取用洗髮精「搓揉起泡、沖洗、重複洗淨」之意。

25. 記者、節目主持人、作家，公開出櫃之男同志。

26. 節目主持人、時事評論員，公開出櫃之女同志。

27. 美國男演員，知名作品有《歡樂滿屋》（*Full House*）。

第二章

1. 美國男饒舌歌手、音樂製作人、詞曲創作者，本名肯伊‧歐馬力‧威斯特（Kanye Omari West），現已改名為Ye。

2. 美國男演員，知名作品有電視劇《火線重案組》（*The Fire*）、電影《黑豹》（*Black Panther*）。

3. 電影《窈窕奶爸》（*Mrs. Doubtfire*）中的角色，一位英國老奶奶，由演員羅賓‧威廉斯（Robin Williams）於劇中反串飾演。

4. 美國男演員、單口相聲演員以及《週六夜現場》播音員。

5. 蘇格蘭男演員，以《007》系列電影中詹姆士‧龐德（James Bond）一角廣為人知。

6. 美國男演員，知名作品有《蓋普眼中的世界》（*The*

World According to Garp）、《親密關係》（*Terms of Endearment*）。

7. 美國歌手、詞曲創作人，知名作品有歌曲〈甜心凱洛琳〉（Sweet Caroline）。

8. 美國搖滾吉他手，本名索爾‧哈德森（Saul Hudson），前搖滾樂團槍與玫瑰（Guns N'Roses）主音吉他手，造型特色為一頭細捲長髮及黑色高帽。

9. 美國吉他手、音樂製作人，為康納於NBC《深夜秀》、《今夜秀》、TBS《康納秀》的節目樂團成員。

10. 英國男演員、製作人，知名作品有電影《超人：鋼鐵英雄》（*Man of Steel*）、影集《獵魔士》（*The Witcher*）。

11. 英國男演員，知名作品有電影《亞瑟：王者之劍》及《紳士追殺令》（*The Gentlemen*）。

12. 社區統整賑濟努力組織（Community Organized Relief Effort）十週年晚宴，該組織由著名演員西恩‧潘（Sean Penn）等人創立。

13. 美國通用汽車公司（General Motors）旗下品牌雪佛蘭（Chevrolet）自1953年生產的跑車車款。

14. 美國通用汽車公司生產之暢銷全尺寸休旅車。

15. 虛構人物，小說《驚魂記》（*Psycho*）主角，為具有雙重人格的連續殺人魔。

16. 諾曼‧貝茲平時經營的旅館。

17. 英國電影導演、製作人，後代譽為「驚悚電影大師」，知名作品有《驚魂記》、《鳥》（*The Birds*）。

18. 英國作家J‧K‧羅琳（J. K. Rowling）的小說《哈利波特》系列中的一所魔法學校，全稱為霍格華茲魔法與巫術學院（Hogwarts School of Witchcraft and Wizardry）。

19. 位於南加州的一家連鎖超市體系。

20. 一種捲型、內含焦糖的巧克力零食，於美國國內由好時公司（The Hershey Company）授權生產。

21. 康納創辦的電視節目製作公司，製作過《康納‧歐布萊恩深夜

秀》、《康納・歐布萊恩今夜秀》、《康納秀》（Conan）等節目。Conaco為Conan前三個字母與Cooperation（公司）前兩個字母的組合。

第三章

1. 美國搖滾歌手、作曲家，「蟋蟀樂團」（The Crickets）主唱，本名查爾斯・哈丁・霍利（Charles Hardin Holley），活躍於1950年代。知名作品有：〈就是那一天〉（That'll Be The Day）、〈佩吉・蘇〉（Peggy Sue）等。

2. 福斯汽車的一種車款。第一代發布於1979年。

3. 美國實境節目，節目召集七至八位互不相識的男女同居並拍攝他們的生活。

4. 美國男演員，知名作品有《歡樂酒店》（Cheers）、《良善之地》（The Good Place）。

5. 美國前第一夫人，吉米・卡特的妻子。

6. 英國籍希臘裔創作歌手，外表俊俏、富有才華，擁有眾多女性粉絲，知名作品有〈無心的呢喃〉（Careless Whisper）、〈信念〉（Faith）。

7. 柯林頓總統與妻子希拉蕊・柯林頓（Hilary Clinton）的女兒。

8. 加州洛杉磯的一個城市，因尼克森總統幼年全家搬至當地，之後於當地接受教育、發展事業而為人所知。

9. 美國男演員，知名作品有《廣告狂人》（Mad Men）、《當地球停止轉動》（The Day the Earth Stood Still）。

10. 美國女歌手、演員，跨足音樂、電視和電影界，生涯榮獲奧斯卡金像獎、葛萊美獎、艾美獎和金球獎。

11. 在美國娛樂、時尚、電視、商業界享負盛名的亞美尼亞裔家族，家族成員多參與實境秀影集《與卡戴珊同行》（Keeping Up With The Kardashians）、《卡戴珊家族》（The Kardashians）。

12. 卡戴珊家族的二女兒，歌手肯伊・威斯特前妻，外表特色為凹凸有致的身材。

13. 原文為「a Tale of Two Men」，作者模仿名著《雙城記》（*A Tale of Two Cities*）自創之詞。《雙城記》由英國小說家狄更斯（Charles Dickens）所著，故事背景穿插巴黎及倫敦兩個城市，因而得此書名。
14. 麥可‧傑克森的兒子，本名普林斯‧傑克森二世（Prince Jackson II），後改名為比吉‧傑克森（Bigi Jackson）。毯毯為其暱稱。
15. 英國偵探小說女作家，生於1890年，卒於1976年。

第四章

1. 美國演員、喜劇演員，因擔任康納多年的深夜秀跟班主持人而聞名。
2. 美國脫口秀主持人、慈善家、作家和演員，時常於脫口秀節目上贈送價值不斐的禮物給觀眾。
3. 1995年上映之美國愛情電影，由克林‧伊斯威特（Clinton Eastwood Jr.）和梅莉‧史翠普（Meryl Streep）主演，內容講述一名已婚婦女與一名攝影師於四天內相識、相戀到分離的故事。
4. 美國演員、喜劇演員和Podcast主持人，參與多個Podcast節目，現為康納的Podcast節目《康納‧歐布萊恩需要朋友》（*Conan O'Brien Needs A Friend*）的共同主持人。
5. 美國聖誕節年度特別節目，製播33年後於2015年永久停播。
6. 美國詞曲家、歌手、演員、劇作家，知名作品有百老匯音樂劇《紐約高地》（*In the Heights*）及《漢密爾頓》（*Hamilton*）。
7. 皇后合唱團（Queen）與歌手大衛‧鮑伊（David Bowie）於1981年合作首發的歌曲，後於多國霸居前十熱播金曲榜單。
8. 前美國第一夫人，巴拉克‧歐巴馬之妻子。
9. 前美國NBA籃球運動員，場上位置為中鋒。
10. 亞美尼亞和前蘇聯地區現存唯一的希臘—羅馬式列柱建築，建於西元77年。
11. 美國加州巴沙迪納市於每年元旦舉行的大型新年慶祝遊行，內

有各式花車爭奇鬥艷。
12. 作者的奶奶。

致謝
1. 康納創辦之媒體公司，目前經營YouTube頻道Team Coco與製播多個podcast節目。
2. 於1976年至2010年登載的美國連環漫畫，講述女主角凱西繞著事業、愛情、家庭打轉的生活。

黑盒子 15
世界上最爛的助理
The World's Worst Assistant

作者‧索娜‧莫夫謝相（Sona Movsesian）｜譯者‧胡懷宇｜責任編輯‧劉鈞倫、龍傑娣｜封面設計‧朱疋｜排版‧詹淑娟｜總編輯‧龍傑娣｜出版‧黑體文化／左岸文化事業股份有限公司｜發行‧遠足文化事業股份有限公司（讀書共和國出版集團）｜地址‧23141 新北市新店區民權路 108 之 2 號 9 樓｜電話‧02-2218-1417｜傳真‧02-2218-8057｜郵撥帳號‧19504465 遠足文化事業股份有限公司｜客服專線‧0800-221-029｜客服信箱‧service@bookrep.com.tw｜官方網站‧http://www.bookrep.com.tw｜法律顧問‧華洋國際專利商標事務所‧蘇文生律師｜印刷‧中原造像股份有限公司｜初版‧2023 年 7 月｜定價‧380 元｜ISBN‧978-626-7263-19-8｜書號‧2WBB0015
版權所有‧翻印必究｜本書如有缺頁、破損、裝訂錯誤，請寄回更換

特別聲明：
有關本書中的言論內容，不代表本公司／出版集團的立場及意見，由作者自行承擔文責。

國家圖書館出版品預行編目 (CIP) 資料

世界上最爛的助理 / 索娜.莫夫謝相 (Sona Movsesian) 作；胡懷宇譯 . -- 初版 . -- 新北市：黑體文化，遠足文化事業股份有限公司，2023.07
　　面；　公分 . -- (黑盒子；15)
譯自：The World's Worst Assistant
ISBN 978-626-7263-19-8(平裝)
1.CST: 莫夫謝相 (Movsesian, Sona) 2.CST: 歐布萊恩 (O'Brien, Conan) 3.CST: 傳記 4.CST: 職業倫理 5.CST: 友誼

785.28　　　　　112005292

The World's Worst Assistant